Zuckerfrei mit Kindern für die ganze Familie:

Vitalität mit 160 leckeren Low-Carb Gerichten ohne weißen Zucker | Zuckersucht ade mit köstlichen Koch-Rezepten für Frühstück, Mittag- und Abendessen

Ausführlicher Ratgeber-Teil und über 160 leckere Rezepte

+ Bonus Teil:

Die schmackhaftesten zuckerfreien Limonade-Rezepte

Veröffentlicht:

2. Auflage: Juli 2019

Copyright 2019 © | Magische Pfanne | Alle Rechte vorbehalten

ISBN: 9781081393144

Inhaltsverzeichnis

Kurzinformationen zu diesem Buch 9

Vorwort 10

Was ist Zucker und welche Zucker-Arten gibt es? 11

Der glykämische Index – ein wichtiger Indikator für Ihre Gesundheit ... 13

Versteckter Zucker: Die Tricks der Nahrungsmittel-Industrie 15

„Böser Zucker" – „guter Zucker" Welche Zuckerarten sind zu empfehlen - welche nicht? 20

Warum wir über (Weiß-)Mehl sprechen 28

Psychologie von Gewohnheitsumstellungen: Behutsam gewinnt! 29

Bio-Siegel beim Einkauf - Hier bekommen sie gute Qualität geboten! . 31

Rezept-Zutaten - Bezugsquellen & Rezepte 35

Rezepte 40

   1.Rezepte für das Frühstück 41

      Süße Dinkel Frühstücksbrötchen 42

      Pfannkuchen Spezial 43

      Rotbacken Apfelbrot 44

      Stark in den Tag 45

      Mandel Himbeer-Pudding 46

      Beeren-Quark 47

      Omelette Mexican Style 48

      Goldiger Obstsalat mit Walnüssen 49

      Vitaminfrühstück für Kids 50

      Schotten Sandwich 51

      Fruchtige Fritten mit Himbeer-Ketchup 52

      Leckeres Früchte Frühstück 53

Schnelles Power Frühstück ... 54

Crunchy Cornflakes Frühstücksquark ... 55

Blaubeer-Flugscheibe ... 56

Gute Laune Frühstücks-Shake ... 57

Eierlei im Mantel ... 58

Toast Röllchen für die Lunchbox ... 59

Superhelden Pudding ... 61

Kerniges Porridge ... 62

Milchreis mit quietschbunter Orangensauce ... 63

Rasend schnelle Frühstücks-Muffins ... 64

Erbarmungsloses Gourmet Sandwich ... 65

Erdbeer Power Toast ... 66

Karotten Pancakes „Geschmack+" ... 67

Fröhliche Rührei-Muffins ... 68

„Kicher" Wrap ... 69

Göttlich leckere Kaki ... 70

Hobbit Quark ... 71

Kürbis Brötchen mit Mortadella ... 72

Superfood Frühstück ... 73

2. Rezepte für Mittag- und Abendessen ... 74

Ofenfrikadelle „Immer satt" mit Gemüse ... 75

Eisbergsalat mit Hackes ... 77

Zucchini-Taler ... 79

Meisters Geflügel Gulasch ... 81

Cremige Kürbis Suppe ... 82

Bangkok Tofu Gemüsepfanne ... 83

Lachs Taschen ... 84

Buntes Puten Curry	85
Schneller Brokkoli Frischkäse Auflauf	86
Betrüger Lasagne	87
Hähnchen Zucchini Teller	89
Rapper Wrap	90
Gemüse-Bandnudeln mit Hähnchen	91
Lachs mit Ofengemüse „Athen"	92
Schwimmendes Schupfnudel-Gericht	93
Little Thai Reis	94
One Pot Pasta mit Süßkartoffel Sauce	95
Little Italy Chili con Carne	96
Raclette Mini-Flammkuchen	97
Hähnchen Paella	98
Nudeln mit Tomaten-Gemüse-Sauce	99
Seemann Fischstäbchen Teller	100
Buchstaben Nudelsuppe mit Würstchen	102
Bunte Ofen Gnocchi	104
Mini Pizza	105
Süße Spätzle	106
Pasta grün-rot mit Hähnchen-Filet	107
Kürbissuppe für Kids	108
Hähnchen Auflauf „Toskana"	109
Lustige Pizza Spieße	110
Ratatouille de Junior	111
Frischer Gurken-Apfel-Salat	112
Nudelsalat Disneyland	113
Fischpfanne Nemo	114

Fetzige Bandnudeln mit Schinken	115
Hack-Gemüse-Auflauf	116
Mr. Wu's deftige Nudelpfanne	117
Big Mac Salatfest	119
Big Mac on the roll	120
Kinderauflauf Junior Style	121
Hähnchen-Geschnetzeltes à la Texas	122
Knackiger Thuna-Salat	123
Lagerfeuer Gulaschsuppe	124
Kroko Blätterteig Hackbraten	126
Mozzarella-Hähnchen in Basilikum-Sahne Sauce	128
Rigatoni al forno	129
Italia – Schnitzel	131
Fischstäbchen Burger	132
Leckere Pizzaschnecken	133
Beverly Hills Cheeseburger-Kuchen	135
Ms Bean´s Bohnen-Steak-Salat	137
Cooles Bifteki-Toast	139
Römischer Salat mit gebratenem Lachs	140
Gefüllte Paprika Pizza Style	141
Zoodeles mit Zitronen-Hähnchen Sauce	142
Stars and Stripes	143
Inka Kartoffel Lasagne	144
Fröhliches Allerlei auf Reis	146
Surfer Puten Salat Hawaii	147
Pasta Auflauf mit Salami	149
Paniertes Abenteuer Schnitzel	150

Ferien-Filet-Topf 151

Bombay Exotik Reisgericht 153

Mailänder Leberkäs Pfanne 154

Leberkäse trifft Nudel 155

Crispy Chicken Nuggets 156

Knusprig frischer Chicken Wrap 157

Cabanossi Genuss-Pasta 159

Schwäbische Käsespätzle 160

Samurai Frikadellen 162

Strammer Max Rösti 164

Brokkoli Schiffchen 165

Gemüse Finger 166

Schlemmer Lachs Döner 167

Lustige Bratwurstspieße mit Gemüse 168

Frika Karto 169

Nudelsalat „Fruchtbombe" 170

Grillsaison eröffnet – Tortellini-Rucola-Salat 172

Kinder-Party-Suppe 174

Gefüllte Tomaten 175

3. Rezepte für das Dessert 176

Peanuts Kekse ohne Zucker 177

Fruchtig frischer Lolli 178

Power Kekse 180

Waffel Traum ohne Zucker 181

Das 5-Minuten Eis 182

Saftige Brownies 183

Schneekugeln 184

Coco´s Cheesecake 185

Fruchtige Eis-Pops 187

Weihnachtlicher Bratapfel mit Marzipan 189

Zuckerfreier Marzipan 190

Fruchtige Gummibärchen 191

Kompott süß Sauer 192

Struwelpeter Kokos Eis 193

Peanuts-Schoko-Pudding 194

Turbo Schoko-Pudding 195

Orient-Power-Riegel 196

Cremige Schoko-Bananen-Stückchen 197

Leckerer Milchreis 198

Helden Schoko-Nuss-Drink 199

Zuckerfreier Schoko-Nuss-Aufstrich 200

Power Balls ohne Zucker 201

Zauber Kokos Pralinen 202

Himmlische Pfannkuchen 203

Leckeres Schoko Eis 204

Saftiger Karotten Kuchen 205

Fruchtige Zitronenkekse 207

Tuttifrutti Zappel Pudding 208

Mango Pudding mit Chia Samen 209

Smoothie Eis 210

Joghurt Pfirsich Maracuja Eis 211

Fruchteis Highlight 212

Lucuma Eistraum 213

4. Rezepte Fingerfood 214

Knusper-Kugeln 215

Knusprige Avocado Sticks 216

Freche Corn Dogs 217

Spieße Rot-Weiß 219

Herzhafte Crêpes Italiana 220

Brotwürfel Snack Black & White 221

Flotte Käse-Pinguine 222

Beeren Sushi 223

Himbeer-Pralinen 224

Buntes Party Popcorn 225

Haferflocken Bananen Muffins 226

Goji Vanille Bällchen 228

Zucchini Röllchen 229

Schoko Nuss Kugeln 230

Gefüllte Tartletts 231

Happy Pizza Snack 233

5. Rezepte für zuckerfreie Limonaden 235

Zisch frisch Limonade ohne Zucker 236

Frische-Granate zum Trinken 237

Coole Gurken Minze Limonade 238

Durstlöscher Wassermelonen Limonade 239

Kühler Brandlöscher 240

Schlusswort 241

Rechtliches 242

Kurzinformationen zu diesem Buch

In diesem Buch befinden sich aus den folgenden Gründen keine Bilder bei den Rezepten:

1. Die Zielsetzung bei der Erstellung dieses Buches war, dass es klein und handlich ausfällt, sodass es in der Küche praktikabel verwendet werden kann.

2. Co2 Ausstoß: Die Herstellung eines Taschenbuches erzeugt im Verlauf der Produktion Treibhausgas-Ausstoß. Berechnungen zufolge ist ein E-Book Reader ab dem ca. 30. gelesenen E-Book ökologischer als ein Taschenbuch.

3. Der Preis des Buches kann auf diese Weise niedriger gehalten werden, da die Druck-Kosten für die Taschenbuch-Ausgabe ohne Bilder und zusätzlicher Seitenanzahl geringer ausfallen.

Vorwort

In jungen Jahren wird die Basis für die spätere Gesundheit oder auch Krankheit gelegt. Deshalb ist es ratsam, als Elternteil seinen Kindern gute, gesunde Essgewohnheiten zu vermitteln.
Es hat sich gezeigt, dass es später, als Erwachsener, ungleich schwerer ist, ungesunde Essgewohnheiten abzustellen. Viel einfacher ist es, ungesunde Ess- und Verhaltensweisen erst gar nicht angelernt zu bekommen.

Dabei ist gesunde Ernährung, oder zumindest eine gesündere Ernährung, gar nicht so schwer in den Alltag zu integrieren. Was es abzustellen gilt, ist der wahllose Griff ins Supermarkt-Regal.

Besonders mit Fertig-Produkten tut man sich gesundheitlich keinen Gefallen. Bei den meisten sind große Mengen Zucker, Geschmacks-Verstärker und häufig auch Konservierungs-Stoffe enthalten.
Es ist gut, sich vor Augen zu halten, dass Nahrungsmittel-Hersteller Ihr Produkt so gestalten, dass es verkauft wird. Daher scheuen Sie auch nicht davor zurück, Stoffe zu implementieren, um den Geschmack künstlich zu verbessern. Stoffe, die der menschliche Körper nicht benötigt, und die Ihm sogar schaden können.

Dabei geht es gar nicht darum, Zucker komplett aus der Ernährung zu verbannen.
So werden Sie auf den folgenden Seiten 160 abwechslungsreiche Rezepte finden; sowohl Rezepte mit Zucker, als auch Rezepte ohne Zucker. Jedoch verzichten wir bei den Rezepten auf den Einsatz des herkömmlichen Haushalts-Zuckers zum Süßen der Speisen. Im Ratgeber-Teil des Buches - auf den ersten 40 Seiten – wird detailliert erklärt, warum wir das für sinnvoll halten.

So werden Sie in diesem Buch erfahren, welche Arten von Zucker es gibt, welche Sie meiden sollten, und welche – sparsam eingesetzt – ohne Probleme genossen werden können. Sie erfahren, wie die Nahrungsmittel-Industrie Sie mit verstecktem Zucker austricksen will, und wie sie das vermeiden können. Außerdem geben wir Ihnen medizinische Fakten an die Hand, die Sie motivieren werden, sich zuckerärmer zu ernähren.

Aber vor allem wünsche Ich Ihnen eins mit diesem Buch: Viel Freude beim Lesen und beim Zubereiten der Speisen!

Was ist Zucker und welche Zucker-Arten gibt es?

Mit dem Wort „Zucker" verbinden wir in erster Linie süße Speisen und süße Getränke. Die nächste Assoziation ist häufig, dass wir nicht zu viel Zucker zu uns nehmen sollten. Das hat uns häufig ein Elternteil – oder Beide - „eingebläut".

Nehmen wir den Zucker genauer „unter die Lupe":

Es gibt mehrere Arten von Zucker:

Einfachzucker, Zweifachzucker, Mehrfach- und Vielfachzucker. Diese 4 Arten von Zucker werden unter dem Überbegriff „Kohlenhydrate" zusammengefasst. Die Einfach- und Zweifachzucker sind dabei die Stellvertreter der „süßen" Kohlenhydrate, wie sie z.B. als Traubenzucker, Fruchtzucker, Haushaltszucker („weißer Zucker") oder Milchzucker anzutreffen sind. Mehrfach- und Vielfachzucker findet man vor allem in Getreide, Vollkornprodukten, Hülsenfrüchten, Obst, Haferflocken und Kartoffeln wieder.

Alle Zuckerarten sind Energielieferanten für den Körper, jedoch sind Mehrfach- und Vielfachzucker aus mehreren Gründen die besseren – weil gesünderen – Energielieferanten.
Sie unterliegen einem längeren Verdauungs-Prozess und verursachen daher im Körper keinen Stress wie das von Einfach- und Zweifachzucker ausgelöst wird. Sie verursachen einen gleichmäßigeren, langsameren Anstieg des Blutzucker-Spiegels. Das gibt dem Körper ausreichend Zeit das Bauchspeicheldrüsen-Hormon „Insulin" auszuschütten, dessen Aufgabe es ist, den Blutzuckerspiegel zu senken, sodass der Zucker dort landet, wo er hin soll: In die einzelnen Körperzellen.

Bei Einfach- und Zweifachzuckern rauscht der Zucker in „Windeseile" ins Blut. Der Körper schafft es nur mühsam so schnell Insulin zu produzieren und auszuschütten. Die Grund-Ursache ist, dass isolierter Industriezucker kein Produkt ist, welches in der Natur existiert. Folgerichtig existiert im Körper auch kein Mechanismus, der damit stressfrei fertig werden kann. Häufiger Konsum von Einfach- und Zweifachzuckern erschöpfen den Körper.

Kohlenhydrate machen einen Großteil unserer Nahrung aus. Sie sind Treibstoff für Muskeln und Gehirn und sorgen dafür, dass der Blutzucker-Spiegel nicht unter einen kritischen Wert fällt.

Kohlenhydrate, bzw. Zucker sind also per se nichts Schlechtes! Entscheidend ist, die „richtige Kohlenhydrate" zu sich zu nehmen, die der Körper verwerten kann, und die Ihn nährt.

Industrie-Zucker wie wir ihn heute allerorts antreffen – in Kuchen, in Fertigprodukten, in Getränken, Eis, Schokolade u.v.m. ist jedoch für den Körper ein großer Stressor und begünstigt die Entstehung von zahlreichen Krankheiten.

So fördert Einfach- und Zweifachzucker Vitamin- und Mineralmängel, schadet den Zähnen, begünstigt Diabetes, hat schädlichen Einfluss auf unsere Darmflora und steht im Verdacht Krebs-Erkrankungen zu begünstigen. Alles Krankheiten und Krankheits-Symptome, die in den letzten Jahrzehnten dramatisch zugenommen haben.

Sie sehen, es gibt gute Gründe, sich über das Thema „Zucker" ein solides Grundwissen anzueignen, um gute Entscheidungen für sich und für die ganze Familie treffen zu können!

Je früher, desto besser!

Der glykämische Index – ein wichtiger Indikator für Ihre Gesundheit

Die Kohlenhydrate bzw. „der Zucker" aus den Nahrungsmitteln wird unterschiedlich schnell in das Blut abgegeben. Je schneller der über die Nahrung, oder über Getränke aufgenommene Zucker ins Blut abgegeben wird, desto mehr Aufwand bedeutet dies für Ihren Körper.

Dann muss er ungewohnt schnell hohe Mengen an Insulin, einem Hormon der Bauchspeicheldrüse bereitstellen, damit der Blutzucker wieder abgebaut werden kann und vom Blutkreislauf in die verschiedenen Körperzellen geschleust wird.
Je schneller der Zucker eines Nahrungsmittels in das Blut gelangt, desto höher ist sein glykämischer Index-Wert.
Eingeteilt wird der glykämische Index auf einer Skala von 1 bis 100. Je höher ein Wert einem Nahrungsmittel zugeordnet wird, desto gesundheitlich bedenklicher ist er bei häufigem Konsum.

Der menschliche Körper kann den Stress durch die Aufnahme von hochglykämischer Index Nahrung eine zeitlang kompensieren, auf Dauer bleibt das jedoch gesundheitlich nicht folgenlos.

Doch Vorsicht: Im Umkehrschluss ist ein niedriger glykämischer Index nicht automatisch gleichbedeutend mit gesünder.

Werfen wir doch einen Blick auf die glykämischen Index-Werte einiger Nahrungsmittel und Zuckeraustausch-Stoffen:

Beispiele für den glykämischen Index in Lebensmitteln:

Apfel	38 (+/- 3
Spaghetti	44 (+/- 5
Weißbrot	70 (+/- 4)
Roggenvollkornbrot	58 (+/- 2)
Kartoffeln (gekocht)	66 (+/- 20)
Voll-Milch	27 (+/- 4)
Cornflakes	81 (+/- 3)
Pommes Frites	90 (+/- 4)
Pilze	10
Dörrobst	60
Weißer Reis	70
Natur-Reis	50
Bitterschokolade	25 (+-20
Traubenzucker	100
Haushaltszucker	70
Agavensirup	20
Ahornsirup	43
Kokosblütenzucker	35
Xylit	10
Yacon Sirup	1
Süßstoffe (z.B. Aspartam)	0

Versteckter Zucker: Die Tricks der Nahrungsmittel-Industrie

Die „Zuckerfallen" lauern überall und warten nur darauf zuzuschnappen. So finden sich in manchem Saucen-Binder 15-20 Zuckerwürfel pro Packung. Und auch ein gekaufter Krautsalat „protzt" schon mal mit 10-15 Würfelzucker.

Gerade in Fertig-Gemüse und Fertig-Obst befinden sich fast immer zusätzlich zugesetzter Zucker. Und auch in Würsten, z.B. Meica Curryking sind pro Packung satte 25 Gramm Zucker vorzufinden. Zucker ist also auch in Nahrungsmitteln enthalten, in denen man es erstmal gar nicht vermuten würde.

Noch ein paar Beispiele gefällig?

Das Magazin „Öko-Test" hat sich erst jüngst die Zuckertricks der Lebensmittelkonzerne näher angesehen.

So bringt es das Kölln Müsli „Knusper Joghurt Himbeer" auf satte 35 Stück Würfelzucker pro 500 Gramm.

Rotkohl mit Apfel klingt gesund. Allerdings befinden sich im Produkt des Herstellers „Gut & Günstig" ganze 15 Stück Würfelzucker in einer 400 Gramm Packung.

Obst ist meistens gesund – aber nicht immer! Den beliebten „Gepa Mangos" wurde ebenfalls „auf die Sprünge geholfen": Zusätzlich zum hohen Zuckergehalt bei Trockenfrüchten werden die „Gepa Mangos" in Rohrzucker eingelegt und erreichen somit pro 100 Gramm stolze 22 Stück Würfelzucker.

Unser Tipp: Das Bio-Regal Ihres Supermarktes, oder noch besser: Ein Besuch beim Biomarkt, bzw. Reformhaus.

Dort finden Sie eine große Auswahl an gesunden Bio-Produkten. Aber auch dort gilt: „Aufpassen ist die Mutter der Porzellan-Kiste". Nicht alle Bio-Konzerne haben Ihre Priorität auf zuckerfreie oder zuckerarme Produkte gelegt.

Für die Nahrungsmittel-Anbieter oder man darf Sie auch gerne mal liebevoll Nahrungsmittel-Designer betiteln, liegen die Vorteile einer Zuckerbeimischung auf der Hand: Zucker – zumindest Haushalts-Zucker und Fruktose (Fruchtzucker) – sind günstig in der Herstellung. Des Weiteren gibt Zucker dem Nahrungsmittel Geschmack und Fülle.

Was besser schmeckt, verkauft sich besser und bringt mehr Umsatz! Eine einfache Rechnung – die aufgeht!

Der bekannte US-Mediziner Robert Lustig geht sogar noch einen Schritt weiter mit seiner These:

„Die Industrie fördert unsere Sucht nach Zucker und bestimmten Lebensmitteln".

Für den Laien ist es anfangs herausfordernd sich einen genauen Überblick zu verschaffen. Denn in Nährwert-Tabellen auf der Produkt-Verpackung muss laut Gesetzgeber nur gewöhnlicher Haushalts-Zucker als „Zucker" deklariert werden.

Andere Süßungsmittel sind schwerer zu „enttarnen"!

Darum geben wir Ihnen eine Liste zur Hand mit Süßungsmitteln, die Sie ebenso meiden sollten, da Sie – genau wie Haushalts-Zucker – einen extrem hohen glykämischen Index aufweisen, oder einfach künstlich hergestellte Süßstoffe sind, die mit einer natürlichen Ernährung nicht viel zu tun haben.

Zucker- und Süßstoffbezeichnungen in Nahrungsmitteln:

Zucker & Süßungsmittel

Dextrose
Glukose
Sirup
Traubensüße
Gerstenmalz-Extrakt
Maltodextrin
Polydextrose
Invertzuckersirup
Maltit
Süßmolkepulver
Oligofruktose
Süße aus Früchten / Fruchtsüße
natürlich gesüßt
Saccharose
Fruchtzucker
Fruchtpürree
Fruchtextrakt

gezuckerte Kondensmilch
Inulin
getrocknete Früchte
Weizendextrin
Zuckerrübensirup
Rosinen
Raffinadezucker / Raffinade
Karamellzuckersirup
Laktose
Raffinose
Dicksaft
Invertzuckercreme
Agavendicksaft
Apfelsüße
Molken-Erzeugnis
Magermilchpulver
Melasse

Synthetische Süßstoffe

Acesulfam (E 950)
Aspartam (E 951)
Advantam (E 969)
Cyclamat (E 952)

Neohesperidin (E 959)
Neotam (E 961)
Saccharin (E 954)
Sucralose (E 955)

Schauen Sie bei folgenden Nahrungsmitteln genau hin! Es sind häufig versteckte „Zuckerbomben".

Fertiggerichte	Balsamico-Creme Produkte
Frucht-Säfte	Cerealien
Müsli und Cornflakes	Brotaufstriche
Feinkostsalate	Eiscreme
Gemüse im Glas – z. B. Erbsen, Mais, Bohnen.	Snack Food
	Dressings
Joghurt-Drinks	Wurstwaren
Trockenfrüchte, Trockenfrüchte-Nussmischungen	Saucen
	Alcopops
Instant-Cappuccino	Süßgetränke

Weiterhin möchten wir Sie für folgende Tricks der Lebensmittelindustrie sensibilisieren:

Zucker ganz hinten auf der Zutatenliste verstecken

Einige Lebensmittelhersteller reichern Ihr Produkt mit unterschiedlichen Zuckerarten an. Der Vorteil: So ist die Gesamt-Zuckermenge auf 2,3 oder gar 4 Zuckerarten verteilt und darf in der Zutatenliste weiter hinten erscheinen. Dem Interessent wird suggeriert, dass im Produkt weniger Zucker enthalten ist.

Mit niedrigem Fettgehalt oder Vitaminen werben

In der Werbung werden die Vorteile des Produktes herausgestellt, der Zuckergehalt hingegen verschwiegen. So wurden zum Beispiel die Bonbons „Nimm2" jahrelang mit dem Slogan „Gesunde Vitamine naschen" beworben. Es ist natürlich unsinnig, seinen Vitamingehalt über Bonbons decken zu wollen, wo gleichzeitig der enthaltene Zucker als „Vitaminräuber" gilt.

Prozentangaben auf der Zutatenliste

Die als „lecker und leicht" angepriesene „Milchschnitte" von Ferrero dient uns hier als Beispiel. Folgendes dürfen wir der Zutatenliste entnehmen:

Frische Vollmilch (40%)
pflanzliche Öle
Zucker
Weizenmehl
Magermilchpulver
Honig (5%)
usw.

Beim Leser wird dadurch der Eindruck erweckt, dass das Produkt vor allem Milch und Honig enthält, da diese Zutaten mit Prozent-Angaben ausgestattet sind.

Sie sehen, ohne Vorwissen und Aufmerksamkeit beim Einkauf haben Sie kaum die Chance, die Menge an Zucker zu kontrollieren, die Sie zu sich nehmen.

Zu den oben angeführten Zuckerarten können noch all die vorgestellten Zuckerarten aus dem Kapitel „Böser Zucker – guter Zucker" hinzugefügt werden.

Denn in Lebensmitteln wie zum Beispiel Erbsen, Mais oder Wurst hat weder „guter Zucker" noch „böser Zucker" was verloren und ist in erster Linie nur aus einem Grund im jeweiligen Produkt „gelandet": Weil der Hersteller sich durch die zusätzliche „süße Note" mehr Umsatz verspricht

„Böser Zucker" – „guter Zucker"
Welche Zuckerarten sind zu empfehlen - welche nicht?

Die für den Menschen am verträglichsten Zuckerarten sind jene, die möglichst natürlich gebunden sind. Das bedeutet, die im Verbund mit möglichst vielen Mineralien, Vitaminen, Eiweißen, Ballast-Stoffen, Spurenelementen usw. vorkommen.
Haushalts-Zucker, Frucht- oder Traubenzucker enthalten keinerlei begleitende Nähr- oder Vitalstoffe. Es sind Extrakte, die so in der Natur nicht vorkommen.

Und dann existieren einige Zuckerarten-/Zuckeraustausch-Stoffe, die in ihrem natürlichen Vorkommen weitaus weniger bedenklich sind und bei verantwortungsvollem Konsum sogar gesund sein können. Diese lernen Sie gleich kennen!

Jahrtausende lang war der menschliche Körper an natürlich gebundenen Zucker, vor allem aus Früchten, vollwertigem Getreide, und Gemüsen gewöhnt. „Erfindungen" wie weißer Zucker, Industriezucker, oder auch Sirup gibt es erst seit relativ kurzer Zeit. Dabei wächst das Angebot an den unterschiedlichsten Zuckeraustausch-Produkten weiter rasant an. Hersteller haben permanent den Blickpunkt, Ihren Kunden was Neues zu bieten. Daher ist bei dieser Entwicklung das „Ende der Fahnenstange" sicher noch nicht erreicht.

Folgende Auflistung soll Ihnen dabei behilflich sein, sich im „Zucker-Dschungel" besser orientieren zu können:

Folgende Zuckerarten sind nicht zu empfehlen:

Name	Glykämischer Index	Kalorien
Fruktose	25	400 / 100 Gramm

Die Fruktose kommt in der Natur in vielen Früchten und Gemüsen vor. In industriell verarbeiteter Kost vorkommende Fruktose ist nicht mehr in seinem „natürlichem Umfeld" mit Vital- und Nährstoffen gebunden und wird inzwischen zum größten Teil im Labor mit künstlichen Mikro-Organismen hergestellt. Seinem attraktiven glykämischen Indexwert zum Trotz, ist Fruktose nicht als Haushaltszucker-Ersatz zu empfehlen. Fruktose kann vom Körper nicht für die Energiegewinnung genutzt werden und wird vollständig von der Leber abgebaut. Fruktose belastet somit die Leber!

Des Weiteren wird Fruktose als Fett im Körper eingelagert und blockiert das Sättigungs-Gefühl.

Wenn Sie Früchte mit einem hohen Fruktose-Gehalt wie Äpfel, Datteln, Feigen oder Rosinen schlecht vertragen (z.B. Blähungen, Völlegefühl, Kraftlosigkeit), könnten sie evtl. unter einer Fruktose-Intoleranz leiden.

Wenn Sie diesen Verdacht hegen, können Sie Online einen „Fruktose-Unverträglichkeit-Test" erwerben und zu Hause durchführen. Die Kosten belaufen sich auf circa 50 Euro.

Die Nahrungsmittel-Industrie setzt Fruktose bevorzugt ein, weil die Herstellung extrem günstig ist und man dem Konsumenten gerne suggeriert, dass er sich was Gesundes mit dem jeweiligen Produkt gönnt.

Name	Glykämischer Index	Kalorien
Glucose	Bis zu 100	400 / 100 Gramm

Die Glucose ist ein Einfachzucker und wird manchmal noch als Dextrose bezeichnet. Die Glukose, 1792 erstmals in Trauben entdeckt, geht sofort ins Blut über sodass der Körper sehr schnell Insulin „schicken" muss um den Zucker wieder abzubauen.

Name	Glykämischer Index	Kalorien
Saccharose	70	400 / 100 Gramm

Saccharose ist der allseits bekannte Haushaltszucker, auch weißer Zucker genannt. Zur einen Hälfte besteht er aus Fruktose, zur anderen Hälfte aus Glucose. Darum wird er auch Zweifach-Zucker genannt. Er begegnet uns als weißer oder brauner Haushaltszucker.

Name	Glykämischer Index	Kalorien
Agavensirup	20	310 / 100 Gramm

Agavensirup besitzt einen niedrigen glykämischen Index-Wert, da er einen hohen Anteil an Fruktose aufweist. Diese geht langsamer ins Blut über als Saccharose oder Glucose. Allerdings weist Fruktose die unter „Fruktose" erwähnten Nachteile auf.
Geschmacklich bietet der Agavensirup den Vorteil, dass er zwar fruchtig, aber doch recht neutral schmeckt, und daher breitgefächerter eingesetzt werden kann.
Wenn Sie gerne mit Agavensirup süßen, achten Sie auf sparsamen Einsatz. Bei Leber-Problemen sollten Sie gänzlich auf Agavensirup verzichten.

Name	Glykämischer Index	Kalorien
Honig	49-88	300-350 / 100 Gramm

Honig enthält Mineralien und Enzyme. Sein hoher Zuckeranteil von 75-80% macht ihn jedoch in größeren Mengen ebenso zu einer gesundheitlichen Gefahr. Bei häufigem Konsum kann er Magen/Darm (v.a. die Darmflora), die Zähne und natürlich auch die Bauchspeichel-drüse schädigen. Verwenden Sie Lindenblüten- oder Manukahonig, wenn Sie weiterhin vornehmlich mit Honig süßen möchten.

Name	Glykämischer Index	Kalorien
Dicksäfte	15-40	250-420 / 100 Gramm

Beim Dicksaft wird der jeweilige Fruchtsaft so lange eingekocht, bis er dickflüssig ist. Die Dicksäfte weisen einen hohen Fruktose-Anteil auf und haben dementsprechend die unter „Fruktose" gelisteten, gesundheitlichen Nachteile.

Name	Glykämischer Index	Kalorien
Süßstoffe	0	0 / 100 Gramm

Obige Werte, sozusagen die „Doppel 0", lassen erstmal vermuten, dass Süßstoffe der ideale Zuckersatz sind. So erfreuen sich Aspartam, Cyclamat, Saccharin oder Sucralose auch großer Beliebtheit.

Jüngste Forschungen, unter Anderem von Dr. Erna Alina durchgeführt, belegen, dass Süßstoffe das Körpergewicht erhöhen, den Glukose-Stoffwechsel stören und die für unser Immunsystem so wichtige Darmflora schädigen.
Meiden Sie Süßstoffe! Sie sind synthetisch in Laboren hergestellt und aktuell weiß niemand genau was sie auf Dauer noch alles im Körper anrichten.

Name	Glykämischer Index	Kalorien
Reis-Sirup	98	320 / 100 Gramm

Für die Herstellung von Reis-Sirup wird gekochter Reis Enzymen ausgesetzt. Dadurch wird die enthaltene Stärke in kleine Zuckermoleküle aufgebrochen. Dadurch entsteht ein dicker Zuckersirup, der Reis-Sirup.

Reis-Sirup ist aufgrund seines sehr hohen glykämischen Index nicht zu empfehlen. Sein einziger Vorteil besteht darin, dass er keine Fruktose enthält.

Fazit:

Meiden oder verringern Sie obige Süßungsmittel. Ab und an ein bisschen Honig (z.B. Lindenblütenhonig) oder Agavensirup ist hierbei noch die bessere Wahl als z.B. Fruktose oder laborerzeugte Süßstoffe wie Aspartam.

Folgende Zuckerarten, in Maßen konsumiert, sind empfehlenswert:

Name	Glykämischer Index	Kalorien
Ahorn-Sirup	43	260

Der beliebte Ahorn-Sirup weist für einen Sirup einen recht niedrigen glykämischen Index auf. Sein prägnanter, malzartiger Geschmack macht ihn für Desserts, Marmelade oder auch Gebäck zum idealen Süßungsmittel.
Der Ahornsirup kommt mit einer breiten Palette an gesunden Inhalts-Stoffen daher: Mineralien wie Magnesium, Kalium, Calcium, Antioxidantien und auch Eisen sind im Ahorn-Sirup vorhanden.

Name	Glykämischer Index	Kalorien
Manuka-Honig	50-60	335 / 100 Gramm

Der Manuka Honig wird – ganz der Namensgebung – aus der Manuka Pflanze gewonnen. Die Manuka gehört der Gattung der Myrtengewächse an, einem entfernten Verwandten des aufgrund seiner viel-fältigen positiven Wirkungen beliebten Tee Baums (z.B. als Teebaum-Öl).

Der Manuka Honig enthält eine hohe Konzentration des natürlichen Inhaltsstoffes Methylglyoxal (MGO).
Werte bis zu 1000 mg / kg wurden schon verzeichnet, während herkömmlicher Honig nur auf bis zu 20mg/Kilo kommt. Das MGO ist somit auch der Bestandteil, der Manuka Honig von herkömmlichem Honig unterscheidet. Es ist das MGO, welches antibakteriell wirkt.

Der Manuka Honig wird derzeit intensiv erforscht. Er soll gegen eine Reihe von Krankheiten wirken. Bewiesen ist auf jeden Fall seine antibakterielle Wirkung, was den Manuka zu einem hervorragenden Helfer bei allen Krankheiten mit entzündlichen (Begleit-)Prozessen machen kann.

Name	Glykämischer Index	Kalorien
Kokosblütenzucker	35	384 / 100 Gramm

Gewonnen aus dem frischen Saft der Kokos Blüte, schmeckt der Kokosblütenzucker kräftig karamellartig. Neben seiner schonenden Wirkung auf den Blutzucker-Spiegel weist er einen für Zucker sehr hohen Gehalt an Mineralien auf.
Der Kokosblütenzucker kann den Haushaltszucker in Koch-Rezepten im Verhältnis 1:1 ersetzen. Der Kokosblütenzucker gehört den Palmzuckern an. Andere Palm-zuckerarten sind die Zuckerpalme, die Nipapalme und die Silber-Dattelpalme.

Name	Glykämischer Index	Kalorien
Yacon-Sirup	1	287 / 100 Gramm

Der Yacon-Sirup mit seiner karamell artigen Note stammt aus Peru in Südamerika. Er wird aus der Knolle der Yacon-Pflanze (Smalanthus Sonchifolius) gewonnen. Yacon-Sirup ist erhältlich als Sirup oder auch als Pulver. Die sensationell niedrige glykämische Last erklärt sich aus dem hohen Anteil von sogenannten unverdaulichen Fructo-Oligosacchariden, die – ganz im Gegensatz zur Wirkung des Haushalts-Zucker – förderlich auf Verdauung und Darmflora einwirken. Yacon gilt als einer der gesündesten – wenn nicht sogar das gesündeste Süßungsmittel der Welt.
Außerdem gibt es Studien, deren Ergebnisse zeigen das Yacon – durch seine Stoffwechsel beschleunigende Wirkung – beim Abnehmen unterstützt.

Name	Glykämischer Index	Kalorien
Xylit	10	230 / 100 Gramm

Xylit ist ein natürlich aus Pflanzen gewonnener Zuckerersatz. Er wird aus Birken oder Mais gewonnen. Er beeinflusst den Blutzucker-Spiegel kaum und weist eine niedrige Kalorienbilanz auf. Xylit ist sehr beliebt in der Küche, da man ihn in Rezepten 1:1 gegen Haushalts-Zucker tauschen kann. Daher empfehlen wir ihn auch im Rezept-Teil dieses Buches.

Ebenso zeigt Xylit – manchmal auch als Xylitol, oder einfach als Birken-zucker bezeichnet – einen positiven Einfluss auf die Zahngesundheit. Studien belegen, dass Xylit bei Zahnbelag, Karies oder auch bei Zahn-fleischbluten (Parodontose) erfreuliche Resultate erzielt.

Fangen Sie mit niedrigen Tages-Mengen Xylit an, um zu testen, wie gut Sie ihn vertragen. Xylit kann ab 30 Gramm pro Tag abführend wirken.

Name	Glykämischer Index	Kalorien
Erythrit	0	20 / 100 Gramm

Erythrit – genauso wie Xylit – wird chemisch den Zuckeralkoholen zu- geordnet. Sein Geschmack ist etwas fruchtiger als Haushaltszucker und er weist ca. 70% seiner Süße auf. Erythrit schmeckt fast identisch zu Xylith. Wenn Sie also mit einem kalorienärmeren Zucker-Ersatz kochen wollen als Xylith, probieren Sie es mit Erythrit.

Bei übermäßigem Konsum kann es wie beim Xylith zu Blähungen und/oder Durchfall kommen. Das Risiko ist bei Erythrit etwas geringer, da Erythrit zu fast 90% vom Dünndarm aufgenommen wird.

Tipp: Erstmal mit wenig Erythrit starten und die eigene Verträglichkeit testen.

Name	Glykämischer Index	Kalorien
Lucuma	7-10	370 / 100 Gramm

Lucuma ist eine Frucht aus den Anden in Südamerika und wird inzwischen auch in Europa – vor allem in Pulver-Form – vertrieben. Die Frucht ist auch bekannt unter dem Namen „Gold der Inka" und besitzt eine fruchtige Geschmacksnote: Eine Mischung aus Mango, Aprikose mit Karamell unterlegt. Durch den prägnanten Eigengeschmack eignet sich Lucuma weniger zum süßen von Tee & Kaffee, dafür aber umso besser für Nachspeisen, Shakes oder auch Protein-Drinks.

Als Bonus erweist sich Lucuma dank seines Vitalstoff-Gehaltes (z.B. enthalten 100 Gramm der Frucht 100 mg Vitamin C) und seiner anti-oxidativen Eigenschaften als gesundheitlich sehr vorteilhaft. Ballaststoffe und Mineralien runden das Vitalstoff-Profil ab.

Name	Glykämischer Index	Kalorien
Salz	0	0 / 100 Gramm

Ja, Salz! Sie lesen richtig. Salz besitzt die bemerkenswerte Eigenschaft die natürliche Süße zu verstärken. Salz sorgt dafür, dass unser Gehirn das Geschmacks-Empfinden „süß" vermehrt wahrnimmt. Allerdings funktioniert der „Trick" eben nur bei Speisen, die schon eine natürliche Süße aufweisen, bzw. deren Bestandteil eine Zuckerart ist. Sehr gut lässt sich das mit Früchten testen. Aber auch der Kuchen schmeckt mit einer zusätzlichen Prise Salz süßer.

Name	Glykämischer Index	Kalorien
Stevia	0	0 / 100 Gramm

Natürlich darf in dieser Liste Stevia nicht fehlen! Vor vielen Jahren noch ein als Geheimtipp verkauftes Kosmetikprodukt gehandelt – als Nahrungsmittel durfte Stevia nicht veräußert werden - ist Stevia dann doch 2011 von der EU mit einer Zulassung zum Vertrieb als Nahrungsmittel „geadelt" worden. Stevia weist sehr viele Vorteile, aber auch einige Nachteile auf:

So lassen sich auf der Haben-Seite seine große Süßkraft, null Kalorien und eine positive Wirkung auf die Zahngesundheit verbuchen.

Häufiger Kritikpunkt bei Stevia ist sein Geschmack. Aber einer gewissen Menge kommt der Stevia-typische Eigengeschmack, häufig als Lakritz artig beschrieben, zum Tragen.
Stevia steht weiterhin im Verdacht, Heißhunger-Attacken auszulösen. Des Weiteren gehen bei der Produktion sämtliche Merkmale eines Bio-Zuckers verloren. Ein Bio-Stevia gibt es somit nicht!

Auch ist das Backen mit Stevia nur begrenzt möglich. Haushaltszucker übernimmt z.B. beim Kuchen die Rolle als Formgeber. Hier muss Stevia „passen". Biskuit- und Rührteige werden mit Stevia platter, härter und sind auch geschmacklich gewöhnungsbedürftig.
Am besten eignet sich Stevia für das Süßen von Getränken mit starkem Eigengeschmack.

Warum wir über (Weiß-)Mehl sprechen

Was haben Haushalts-Zucker und Weißmehl gemeinsam? Beides sind industriell hergestellte Produkte, die so in der Natur nicht vorkommen.

Während aus der Zuckerrübe sämtliche Ballast-Stoffe, Vitamine und Mineralien entfernt werden, bis nur noch das reine, süße Kohlenhydrat übrigbleibt, so werden beim Weißmehl die ballaststoffreichen Randschichten und der gehalt-volle Keim entfernt. Man erhält als Endprodukt das weiße Mehl.

Wird das gesamte Getreidekorn hingegen gemahlen – unabhängig davon, ob es Weizen, Dinkel, Roggen oder ein anderes Getreide ist – wird es als Vollkorn bezeichnet.

Das weiße Mehl jedoch schaut „hübscher" aus als das ursprüngliche vollem Korn und verkauft sich daher besser. Des Weiteren ist es länger haltbar, was für die Industrie einen riesigen Vorteil darstellt.

Ebenso wie weißer Zucker hat also weißes Mehl keine nennenswerten Vitalstoffe mehr „an Bord" und wirkt sich unter anderem durch den höheren glykämischen Index gesundheitsschädlich auf den Körper aus.

Daher raten wir Ihnen: Stellen Sie mit der Zeit auf Vollkorn um! Ersetzen Sie immer mehr weißes Mehl mit Vollkorn. Wenn Sie langsam umsteigen, dann werden es auch Ihre Kinder tolerieren und mögen. Sie müssen da ein bisschen testen: Einige mögen Vollkorn sofort, Andere wiederrum finden den Geschmack erstmal gewöhnungsbedürftig.

Der „kleine Ausflug" zum Weißmehl verdeutlicht Folgendes: Wir haben es in unserer modernen Konsumgesellschaft sehr häufig mit möglichst günstigen, billigen, denaturierten und designten Nahrungsmitteln zu tun. Hergestellt von Lebensmittel-Chemikern und beworben von Marketing-Abteilungen, mit dem Ziel hohe Gewinne zu erzielen.

Niemand schützt Sie davor! Weder der Gesetzgeber, noch irgendein Verbraucherschutz-Verband. Sie selber müssen das eigenverantwortlich in die Hand nehmen!

Psychologie von Gewohnheitsumstellungen: Behutsam gewinnt!

Wenn man sich vorgenommen hat neue Gewohnheiten zu etablieren, um seine Gesundheit und/oder seine Fitness zu verbessern, ist man (zumindest) Anfangs extrem motiviert. Man will sein Ziel möglichst schnell erreichen und nimmt sich ambitioniert sehr viel auf einmal vor.
Gegen ambitionierte Ziele ist selbstverständlich nichts einzuwenden! Die Erfahrung zeigt jedoch, dass ein zu schnelles „Pushen" von Gewohnheits-Änderungen häufig zu Rückfällen in alte Gewohnheiten und auch Frustration führen kann.

Der Körper ist ein „Gewohnheits-Tier" und viele Menschen, die gewissermaßen „Rom an einem Tag erbauen" wollen, geht häufig nach ein paar Tagen oder Wochen der Atem aus und Sie haben keine Energie mehr durchzuhalten.

Daher raten wir eher zu sanften Ernährungs-Umstellungen. Wenn Sie sich bisher „normal" ernährt haben, wie das der Durchschnitts-Bürger praktiziert, haben Sie jeden Tag auch eine Menge „Suchtstoffe" über die Nahrung aufgenommen. Wenn Sie Ihre tägliche Zucker-Aufnahme reduzieren oder gegen gesündere Alternativen austauschen, wird Ihr Körper (fast immer) in einem gewissen Umfang gegen die neuen Gewohnheiten rebellieren, und den bisher verwendeten Industriezucker-Suchtstoff einfordern.

Daher handelt dieses Buch auch primär von Industrie-Zucker-Alternativen, anstatt den kompletten Verzicht vorzuschlagen. Wir wollen Ihren Körper, und den

Ihrer Familie nicht quälen. Sondern sanft einen Fingerzeig in eine gesündere Richtung geben. Wie weit und wie konsequent Sie den Weg dann einschlagen möchten, liegt in Ihrem eigenem Ermessen.

Auch sollten Sie daran denken, dass Ihre Kinder einen Komplett-Ausstieg vom Zucker kaum akzeptieren werden. Falls Ihre Kinder schon zur Schule gehen oder gar in der Pubertät sind, werden Sie ein evtl. verhängtes Zuckerverbot einfach umgehen und sich woanders Süßigkeiten besorgen. Eine „harte (Ernährungs-)Linie" ist bei Kindern einfach nicht anzuraten. Sie erreichen damit höchstwahrscheinlich nur das Gegenteil: Dass Ihre Kinder bald überhaupt „keinen Bock" mehr auf gesündere Ernährung haben.

Wenn Sie in Ihrer Familie das Niveau Ihrer Ernährung langsam anheben wollen, ist dieses Buch ideal für Sie.
Im Schritt 1 tauschen sie den Industriezucker aus, so wie es in den Rezepten vorgeschlagen wird. Wenn Ihnen das reicht, brauchen Sie nichts weiter zu unternehmen.
Im optionalen Schritt 2 können Sie beispielsweise die Menge des weißen Mehls langsam gegen Vollkorn tauschen. Erst 10 % Vollkorn beimischen und dann langsam steigern.
Manche Kinder müssen erst an den Geschmack von vollem Korn gewöhnt werden, manchen schmeckt es von Anfang an. Sie werden das schnell erfahren! Kinder geben üblicherweise ja zeitnah Feedback, wenn das zubereitete Essen nicht mundet!

Bio-Siegel beim Einkauf - Hier bekommen sie gute Qualität geboten!

BIO

Steigen Sie auf Bio-Produkte um! In Bio-Produkten dürfen weitaus weniger Zusatzstoffe verwendet werden als in herkömmlichen Produkten. Teilweise gar keine!

Jedoch gibt es bei den Bio-Siegeln - die immer direkt auf der jeweiligen Produkt-Verpackung aufgedruckt sind - Qualitäts-Unterschiede.

Süffisant könnte man anmerken: Ein schlechtes Bio-Logo ist besser als gar Keins! Bei diesem Slogan „landen" wie gleich beim EU-Bio-Siegel.

So kann man beim offiziellen EU-Bio Siegel sicher sein, dass das Produkt nicht mit Pestiziden oder Insektiziden in Kontakt gekommen ist. Des Weiteren müssen Produkte mit dem EU-Label auf einen Großteil der üblichen Zusatzstoffe verzichten. So dürfen nur ca. 50 der sonst üblichen 320 Zusatz-Stoffe zum Einsatz kommen.

Dem EU-Bio Label weht der Wind der Kritiker – die das EU-Bio-Label schon mal als „Bio-light" titulieren - trotzdem sehr scharf ins Gesicht: So sind immer noch einige gesundheitlich bedenkliche Zusatzstoffe erlaubt und es müssen nur 95 % der Gesamt-Produktmenge aus biologischer Landwirtschaft erzeugt sein. Gibt es auf dem Markt gerade zu wenig Samen in Bioqualität, so können auch konventionelle Samen verwendet werden. Fällt Ihnen hierzu auch das Wort „Schlupfloch" ein?

Auch ist der Begriff der „artgerechten Tier-Haltung" in den EU-Regularien nicht eindeutig definiert. So ist es möglich, dass ein Schwein immer noch durch halb

Europa gefahren wird, bis es am Bestimmungsort bzw. am Schlachthof ankommt. Auch ist unter bestimmten Voraussetzungen der Einsatz von Antibiotika in der Tierhaltung gestattet.

Somit kann man das EU-Bio-Logo als Schritt in die richtige Richtung sehen, perfekt ist es nicht!

Neben dem EU-Bio-Logo erfreut sich nach wie vor das sechseckige, deutsche Bio Siegel größter Beliebtheit. Es ist der Vorgänger des EU-Bio-Logos und wird aufgrund seiner Bekanntheit in Deutschland gerne weiterhin verwendet. Inhaltlich wurde es vom EU-Bio Logo abgelöst. Die Regularien sind identisch. Ein Produkt ist also folgerichtig nicht „mehr Bio" weil beide Siegel auf der Produkt-Verpackung aufgedruckt sind. Es wird vornehmlich weiter aus 2 Gründen verwendet:
Aus Marketing-Gründen („2 Siegel ist besser als 1") und weil es immer noch einen größeren Bekanntheits-Grad besitzt als das neue EU-Logo.

Neben dem EU-Bio-Siegel existiert noch eine Reihe von weiteren Bio-Siegeln. Hier bekommen Sie garantiert sehr gute Bio Qualität geboten. Denn die Kriterien für die Vergabe der folgenden Siegel sind strenger als beim staatlichen Siegel.
Hier stehen ein ganzheitlicher Ansatz, nachhaltiges Wirtschaften, praktizierter Naturschutz, Klimaschutz, Sicherung und Erhalt von Böden, Luft und Wasser und auch der Verbraucherschutz an oberster Stelle.

Halten Sie nach folgenden Siegeln Ausschau für 100 % ige Bio-Ware:

Naturland

Gegründet 1982, zählt Naturland mit über 50.000 Mitglieder zu den größten ökologischen Anbauverbänden. Naturland deckt dabei zahlreiche Bereiche in der Erzeugung (Lebensmittelerzeugung, Aquakultur, Imkerei, Insekten-Zucht, Waldnutzung) wie auch in der Verarbeitung ab. So dürfen z.B. Legehennen von Anfang an ins Freie. Bei schlechtem Wetter steht Ihnen ein überdachter Außenbereich zur Verfügung. Junghennen werden gleich zu Beginn ausschließlich mit Öko Futter ernährt.

Demeter

Demeter ist der älteste Bio-Bauernverband in Deutschland. Er wurde 1924 gegründet und umfasst insgesamt 3300 Betriebe, davon sind 1400 in Deutschland ansässig. Die Richtlinien von Demeter gelten als die Strengsten im deutschen Bio-Landbau.
So übt ein Demeter-Betrieb kompletten Verzicht von synthetischen Dünger und chemischen Pflanzenschutzmitteln aus. Ebenso wird auf künstliche Zusatzstoffe in der Weiterverarbeitung der Produkte verzichtet. Des Weiteren müssen alle verwendeten Stoffe aus dem eigenen Hof stammen. Die Tiere auf Demeter Höfen müssen nicht nur art-, sondern auch wesensgerecht gehalten und behandelt werden.

Bioland

Der Bioland-Verband für organisch-biologischen Landbau e.V. wurde 1971 gegründet. Bioland ist der größte Bio-Anbauverband Deutschlands. Bioland gehören fast 5500 Landwirte, Gärtner, Imker und Winzer an. Vor allem ist Bioland bekannt für sein Augenmerk auf die regionale Herkunft der Produkte. Zum Tragen kommt dies vor allem in der Tierhaltung. So darf der Weg zum Schlachthof für die Tiere maximal 200 km oder 4 Stunden betragen.

Supermarkt Bio-Siegel

Vielleicht ist Ihnen beim Besuch Ihres Supermarktes des Vertrauens schon einer der folgenden Bio-Marken „ins Auge gestochen":

Alnatura, Bio-Wertkost, Bio-Smiley, Prima Bio, Rewe-Bio, BioBio usw.

Diese Siegel basieren in der Regel auf den Vorgaben des staatlichen EU-Siegels. Erfüllt eines dieser Produkte höhere Qualitäts-Anforderungen, ist dies daran zu erkennen, dass es noch ein Extra Siegel aufweist. So sind z. B. Rewe-Bio Produkte teilweise zusätzlich mit dem „Naturland" Logo versehen.

Mogelpackungen

Häufig verzieren Produkthersteller bzw. deren Marketing-Abteilung Ihre Produkte mit Hinweisen ala „kontrolllierter Anbau", „kontrollierter Vertrags-Anbau", „integrierter Anbau", „biologische Schädlingsbekämpfung", „unbehandelt", „von staatlich anerkannten Bauernhöfen", „ungespritzt", „aus alternativer Haltung" oder „aus umweltschonendem Anbau".

Diese Bezeichnungen sind – im Gegensatz zum Begriff „Bio" - nicht geschützt und haben daher auch kaum Aussagekraft. Auch ist die Einhaltung des jeweiligen Werbeversprechens und die Kontrolle nicht immer gegeben bzw. unklar.

Achten Sie darauf, wenn Sie ein unbekanntes Logo auf einer Produktverpackung bemerken, dass zusätzlich mindestens das EU-Bio Siegel zu finden ist. Dann wissen Sie sicher, dass hier ein Mindest-Qualitäts-Standard eingehalten wird. Alles andere darf erstmal vorläufig unter „Etiketten-Schwindel" verbucht werden bis das Gegenteil bewiesen ist.

Rezept-Zutaten - Bezugsquellen & Rezepte

Der im nächsten Kapitel beginnende Rezept-Teil ist gespickt mit den unterschiedlichsten Zutaten. Wenn Sie im Rahmen einer bewussteren Ernährung auf ein gesünderes Bio-Produkt umsteigen wollen, werden Sie in der folgenden Liste fündig. Entweder in Form eines Bezugs-Tipps oder als Rezept zur Selbstherstellung.

Zuckerfreies Apfelmus Alnatura Apfelmark http://bit.ly/2FxIKxQ	

Senf Bio Dijon Senf http://bit.ly/senfvonpurenature	

Sojasoße Bio-Soja Sauce http://bit.ly/2LjiP1k	

Manuka Honig
Natrea Manuka Honig
Bezug: amazon.de
https://amzn.to/2wYcrmS

Meer-Salz
Feinkörniges Meersalz
Bezug: Alnatura-shop.de
http://bit.ly/meersalzalnatura

Xylit
Xucker: Premium Birkenzucker
http://bit.ly/xylitpremium

Kokosblütenzucker
http://bit.ly/kokoszucker

Vollkornflakes
http://bit.ly/vollkornflakes

Rezept für zuckerfreien Ketchup

Zutaten

- 800 Gramm frische Bio-Tomaten
- 2 rote Zwiebel
- 1-2 Knoblauch-Zehen, je nach Geschmacks-Wunsch
- 2 EL Bio-Apfel-Essig
- Meersalz, Curry-Pulver und schwarzen Pfeffer nach Belieben
- Kräuter, getrocknet: Gemüse-Paprika, Oregano, Basilikum

Zubereitung

1. Schälen Sie die Zwiebel und auch den Knoblauch, schneiden Sie beides klein und geben Sie beides in einen Topf.
2. So lange kochen, bis Zwiebel und Knoblauch weich sind.
3. Den Essig & die Wild-Kräuter Ihrer Wahl beigeben
4. Mixen Sie alles mit einem Pürier-Stab und pressen sie es durch ein feines Sieb.
5. Sie können nun nach Belieben Xylit oder Kokosblüten-Zucker dazugeben oder für einen komplett zuckerfreien Ketchup auch gerne weglassen.
6. Füllen Sie den Ketchup zur sicheren, keimfreien Aufbewahrung in sterilisierte Gläser oder andere Gefäße ab.

Rezept für eine zuckerfreie Salat-Sauce

Zutaten

- 2 EL Bio-Olivenöl
- 2 EL Kräuteressig
- 1 EL Bio-Petersilie
- 1 EL Bio-Schnittlauch
- 1 EL Bio-Dill
- 1 EL Pimpernelle
- Nach Belieben unraffiniertes Meersalz, schwarzer Pfeffer und ein Spritzer Zitronen-Saft hinzugeben.

Zubereitung

Anschließend einfach alle Zutaten vermengen, z. B. mit einem Pürierstab oder anderem Vermixer.

Mayonnaise
Rezept für eine zuckerfreie Mayonnaise

Zutaten

- 2 Ei-Gelb aus Bio-Eiern
- 1-2 TL Weiß-Weinessig
- 1 TL Zucker freier Senf (z.B. Bio-Senf von „Unser Land")
- Meersalz und schwarzer Pfeffer nach Belieben
- 300 ml Rapsöl

Zubereitung

Alles in ein höheres Gefäß geben und vermixen.

Baiser

Zutaten

- 2-3 Eiweiß, Größe M (je nachdem wie süß man es mag) 90-100 g Xucker (Light-Version)

Zubereitung:

1. Den Ofen auf 100 °C vorheizen. Nehmen Sie Ober-/Unterhitze, dann machen Sie ein zweites Blech über das, auf welchem die Baiser sind. Das sorgt für eine Hitze Abschirmung von oben und die Baiser werden nicht so braun.
2. Nun ein Backblech mit Backpapier auslegen.
3. Die Eier trennen und jeweils das Eiweiß mit einem Hand-Mixer auf höchster Stufe c. a. 10 Sekunden mixen, dann nach und nach den Xucker drüberstreuen.
4. Man hört hierbei Geräusche wie bei Sand, da der Xucker sich langsamer löst als „normaler" Zucker. Daher kontinuierlich weitermixen, 5- 10 Minuten lang. Es entsteht fester Eischnee und der Xucker löst sich auf.
5. Die Masse in einen Spritzbeutel geben und nun auf das Backblech auftragen.

Rezepte

1. Rezepte für das Frühstück

Süße Dinkel Frühstücksbrötchen

KH 117 g | Eiweiß 59 g | Fett 16,6 g

Zubereitungszeit: ca. 25 Minuten
Portionen: 2
Schwierigkeit: normal

Zutaten:
- 200 g Magerquark
- 2 Eier
- 2 Prisen Meersalz
- 1 Prise Kokosblütenzucker
- 160 g Dinkelvollkornmehl
- 20 g Backpulver

Zubereitung:

1. Backofen auf 170 Grad vorheizen.
2. Quark und Eier in eine Schüssel geben und verrühren.
3. Dinkelmehl, Backpulver, Salz und Kokosblütenzucker mischen.
4. Alles vermengen, bis ein glatter Teig entsteht.
5. Brötchen formen (2-3 Stück). Auf ein mit Backpapier ausgelegten Backblech legen und ca. 20 Minuten backen.

Pfannkuchen Spezial

KH 31 g | Eiweiß 75,6 g | Fett 37,6 g

Zubereitungszeit: ca. 40 Minuten
Portionen: 2
Schwierigkeit: einfach

Zutaten:
- 50 g Eiweißpulver
- 20 g Flohsamenschalen
- 3 Eier
- 500 ml Milch
- etwas Öl

Zubereitung:

1. Eiweißpulver, Flohsamenschalen und Eier in eine Schüssel geben und verrühren.
2. Mit einem Schneebesen die Milch einrühren, bis ein dickflüssiger Teig entsteht.
3. Teig ca. 5 Minuten ziehen lassen. Kurz vor dem Braten den Teig noch einmal umrühren und bei Bedarf noch etwas Milch dazugeben.
4. Pfanne mit etwas Öl erhitzen und nach und nach alle Pfannkuchen braten.

Hinweis: Bei Verwendung einer kleinen Pfanne lassen sich die Pfannkuchen besser wenden.

Rotbacken Apfelbrot

KH 477 g | Eiweiß 137 g | Fett 30 g

Zubereitungszeit: ca. 55 Minuten
Portionen: 2
Schwierigkeit: einfach

Zutaten:
- 4 Eier
- 400 g Apfelmus, ungezuckert
- 300 g Magerquark
- 200 g Haferflocken
- 400 g Vollkornmehl (z. B. Dinkelmehl)
- 3 Pack. Backpulver
- 1 kg Bio Äpfel
- Xylit, nach Geschmack
- Rosinen, nach Bedarf
- Zimt, wer mag

Zubereitung:

1. Backofen auf 160 Grad (Heißluft) vorheizen.
2. Eier, Apfelmus und Quark in eine Schüssel geben und verrühren.
3. Haferflocken zerkleinern (mit Pürierstab oder Mühle).
4. Vollkornmehl, Backpulver und Haferflocken mischen und unterrühren.
5. Xylit (Menge nach Geschmack), Rosinen und Zimt dazugeben.
6. Äpfel waschen, schälen, in Spalten schneiden, zum Teig geben und noch einmal alles gut verrühren.
7. Teig in eine mit Backpapier ausgelegte Kastenform (28 x 11 cm) füllen und ca. 40 – 45 Minuten backen. Stäbchen Probe machen.

TIPP: Wer keine Rosinen mag, lässt sie weg. Schmeckt auch ohne.

Stark in den Tag

KH 45 g | Eiweiß 25,6 g | Fett 38,7 g

Zubereitungszeit: ca. 10 Minuten
Portionen: 2
Schwierigkeit: einfach

Zutaten:
- 5 EL Skyr pur oder Magerquark
- 2 EL kernige Haferflocken
- Kokosmilch oder Mandel Drink, Menge nach Geschmack
- einige Himbeeren oder Blaubeeren, TK
- einige Mandeln oder Cashewkerne
- einige Erdbeeren, gefriergetrocknet, zuckerfrei
- Kokosflocken, nach Belieben
- 2 TL Amaranth, gepufft
- Flavdrops, Honig oder Agavendicksaft zum Süßen
- 1 TL Leinsamen oder Chiasamen

Zubereitung:

1. Skyr, Kokosmilch und die Haferflocken in eine Schüssel geben und gut verrühren.
2. Xylit, Mandeln, Kokosflocken, Leinsamen und die gefriergetrockneten Erdbeeren dazugeben und unterrühren.
3. Himbeeren waschen, abtropfen und die Hälfte zusammen mit dem Amaranth vorsichtig unter den Quark heben.
4. Mit den restlichen Früchten den Quark verzieren und servieren.

TIPP: Natürlich kann man die Menge der Früchte erhöhen oder auch andere Früchte verwenden.

Mandel Himbeer-Pudding

KH 96,7 g | Eiweiß 10,8 g | Fett 19,6 g

Zubereitungszeit: ca. 32 Minuten
Portionen: 2
Schwierigkeit: einfach

Zutaten:
- 4 EL gehäufte Chiasamen
- 400 ml Mandel Drink, ungesüßt
- 250 g Himbeeren
- 2 TL Xylit, nach Geschmack

Zubereitung:

1. Mandel Drink in eine Schüssel geben und die Chiasamen oder Leinsamen einrühren. Anschließend ca. 25 Minuten quellen lassen.
2. In der Zwischenzeit Himbeeren waschen, abtropfen und zusammen mit dem Xylit zur Mandelmilch geben.
3. Alles mit dem Zauberstab gründlich pürieren.

TIPP: Himbeeren können durch anderes Obst ersetzt werden. Anstelle von Mandel Drink schmeckt auch Hafermilch (ungesüßt) sehr gut.

Beeren-Quark

KH 35 g | Eiweiß 62 g | Fett 2 g

Zubereitungszeit: ca. 10 Minuten
Portionen: 2
Schwierigkeit: einfach

Zutaten:
- ½ kg Magerquark oder Natur-Joghurt
- ½ TL Ingwer, gemahlen
- ½ TL Zimt Pulver
- ½ TL Kardamom, gemahlen
- ½ TL Xylit
- 75 g Erdbeeren
- 60 g Himbeeren
- ½ TL Vanille, gemahlen

Zubereitung:

1. Quark zusammen mit dem Ingwer, Zimt, Kardamom und Xylit in eine Schüssel geben und gut verrühren.
2. Erdbeeren und Himbeeren waschen, das Grün von den Erdbeeren entfernen und eventuell etwas klein schneiden.
3. Das Obst in einen kleinen Topf geben, erwärmen und bei geringer Hitze 1 – 2 Minuten köcheln lassen.
4. Vanille Pulver dazugeben, unterrühren, vom Herd nehmen und abkühlen lassen.
5. Quark abwechselnd mit dem Kompott in ein Glas schichten.

Omelette Mexican Style

KH 72 g | Eiweiß g | Fett 39 g

Zubereitungszeit: ca. 10 Minuten
Portionen: 2
Schwierigkeit: einfach

Zutaten:
- 4 Eier
- 1 rote Zwiebel
- 1 Knoblauchzehe
- Olivenöl zum Braten
- Meersalz und schwarzer Pfeffer
- Chili, nach Belieben

Für die Füllung:
- 150 g Kidney Bohnen
- 150 g Mais
- 1 rote Zwiebel, klein
- Olivenöl zum Anbraten
- Chili
- 250 ml Tomatenpüree
- Meersalz und schwarzer Pfeffer

Zubereitung:

1. Zwiebel und Knoblauch abziehen und klein schneiden.
2. Öl in einer Pfanne erhitzen Zwiebel und Knoblauch glasig anbraten.
3. Eier in ein hohes Gefäß geben, Meersalz, Pfeffer und Chili dazu und kräftig aufschlagen, dann in die Pfanne geben und stocken lassen.
4. In der Zwischenzeit Kidney Bohnen und Mais in ein Sieb geben, Zwiebel schälen und klein schneiden.
5. Öl in einer weiteren Pfanne erhitzen, die Zwiebel darin anbraten, Mais und Kidney Bohnen dazugeben, kurz mitbraten und anschließend mit dem Tomatenpüree ablöschen. Die Füllung würzen.
6. Omelette auf Tellern anrichten, die Füllung darauf verteilen und zum Schluss frisch geriebenen Käse darüber streuen.

Goldiger Obstsalat mit Walnüssen

KH 144 g | Eiweiß 14 g | Fett 33 g

Zubereitungszeit: ca. 10 Minuten
Portionen: 2
Schwierigkeit: einfach

Zutaten:
- 1 Bio-Apfel
- 1 Bio Banane
- 1 Bio Orange
- 1 Mini Ananas
- ½ Mandarine
- 7 Walnüsse
- etwas Limettensaft
- Xylit, nach Belieben

Zubereitung:

1. Apfel waschen, Kernhaus rausschneiden und in Stücke schneiden. Banane, Orange und Mandarine schälen und in Stücke zerteilen.
1. Limette halbieren, auspressen und das Obst mit dem Saft beträufeln.
2. Ananas von Strunk und Schale befreien, ebenfalls in Stücke schneiden und mit dem anderen Obst in eine Schüssel geben.
3. Etwas Xylit zum Obstsalat geben und umrühren.
4. Die Walnüsse von der Schale befreien, grob hacken und in einer Pfanne ohne Öl, mit etwas Honig rösten.
5. Den Obstsalat in Schalen geben und die Walnüsse darüber verteilen.

TIPP: Wer keine Walnüsse mag, kann auch andere Nüsse verwenden.

Vitaminfrühstück für Kids

KH 93 g | Eiweiß 19 g | Fett 9 g

Zubereitungszeit: ca. 5 Minuten
Portionen: 2
Schwierigkeit: einfach

Zutaten:
- 6 EL Vollkorn Haferflocken
- 2 EL Cornflakes, ungesüßt
- 1 EL Cashew Kerne
- 1 Bio Apfel
- ½ Banane
- 10 EL fettarmer Joghurt, natur
- 4 EL Milch, fettarm
- Xylit bei Bedarf

Zubereitung:

1. Haferflocken und Cornflakes in eine Schüssel geben. Cashew Kerne hacken und dazugeben.
2. Apfel vom Kernhaus befreien, klein schneiden und ½ Banane zerdrücken.
3. Joghurt mit Milch verrühren, zum Müsli geben und gut verrühren.

Tipp: Anstelle von Milch schmeckt auch Mandel Drink. Das Obst kann durch andere Sorten ersetzt werden.

Schotten Sandwich

KH 47 g | Eiweiß 39 g | Fett 44 g

Zubereitungszeit: ca. 10 Minuten
Portionen: 2
Schwierigkeit: einfach

Zutaten:
- 4 Scheiben Vollkorn-Toast
- 2 Scheiben Bacon
- 2 Eier
- 2 Scheiben Käse
- Butter
- Meersalz und schwarzer Pfeffer

Zubereitung:

1. Toast goldbraun toasten.
2. Den Schinken in einer, beschichteten Pfanne ohne Öl auslassen, bis er leicht knusprig ist.
3. Die Eier aufschlagen und auf den Schinken geben. Anschließend den Herd ausschalten und einen Deckel auf die Pfanne geben. Nach ca. 2 Minuten die Spiegeleier samt Bacon-Scheibe vorsichtig umdrehen und solange braten bis das Eigelb nicht mehr flüssig ist (dauert ca. 2 Minuten)
4. Erneut umdrehen, den Käse drauflegen, die Pfanne erneut abdecken, bis der Käse geschmolzen ist.
5. 2 Teller nehmen, mit je einer Scheibe Toast belegen, darauf den Schinken mit dem Ei und Käse setzen. Mit der 2. Scheibe Toast (wer will, kann die Scheibe mit etwas Butter bestreichen) bedecken. **Achtung:** Sehr heiß.

Tipp: Wer keinen Schinken mag, lässt ihn einfach weg. Schmeckt trotzdem super lecker.

Fruchtige Fritten mit Himbeer-Ketchup

KH 32 g | Eiweiß 3 g | Fett 0,8 g

Zubereitungszeit: ca. 10 Minuten
Portionen: 2
Schwierigkeit: einfach

Zutaten:
- 200 g Ananas, frisch
- 150 g Himbeeren, frisch

Zubereitung:

1. Ananas von der Schale befreien, unteres und oberes Ende entfernen und Strunk herausschneiden. Anschließend in Stächen (ca. 10 cm) schneiden.
2. Himbeeren in einen Topf geben und entweder mit einer Gabel zerdrücken oder pürieren.
3. Den Ketchup in eine Schüssel füllen und zu den Ananas Pommes servieren.

Tipp: Wer keine frische Ananas zur Hand hat, kann auch Ananas aus der Dose (ungezuckert) verwenden.
Anstelle von frischen Himbeeren eignen sich auch TK Himbeeren (ungesüßt).

Leckeres Früchte Frühstück

KH 132 g | Eiweiß 19 g | Fett 5 g

Zubereitungszeit: ca. 5 Minuten
Portionen: 2
Schwierigkeit: einfach

Zutaten:
- 1 Bio Banane
- 1 Bio-Apfel
- 60 g Haferflocken
- 50 g Cornflakes, ungesüßt
- 300 g Naturjoghurt, fettarm
- Milch, nach Belieben
- Xylit, bei Bedarf

Zubereitung:

1. Apfel waschen und vom Kernhaus befreien. Banane und Apfel in mundgerechte Stücke schneiden.
2. Haferflocken und Cornflakes zusammen mit dem Obst in eine Schüssel geben.
3. Joghurt mit der Milch verrühren und zum vorbereiteten Müsli geben und alles gut verrühren.

Tipp: Wer mag, kann noch ein paar Pinienkerne oder Sonnenblumenkerne über das Müsli geben. Mit Obst kann man natürlich variieren.

Hinweis: Verwenden Sie saisonale Obstsorten. Das spart nicht nur Geld, sondern das Obst ist dann auch süßer und geschmackvoller.

Schnelles Power Frühstück

KH 83 g | Eiweiß 31 g | Fett 15 g

Zubereitungszeit: ca. 10 Minuten
Portionen: 2
Schwierigkeit: normal

Zutaten:
- 500 ml Milch, fettarme 1,5 % Fett
- 100 g Vollkorn Haferflocken
- Stevia, flüssig oder Ahornsirup, nach Belieben
- 4 Stücke Obst, nach Wahl

Zubereitung:

1. Einen Topf mit der Milch zum Kochen bringen, Vollkorn Haferflocken einrühren, kurz köcheln lassen. Bei Bedarf mit etwas Xylit abschmecken, etwas abkühlen lassen.
2. In der Zwischenzeit das Obst waschen und in mundgerechte Stücke zerteilen.
3. Das Obst zu den Haferflocken geben und vorsichtig unterheben.

Hinweis: Dies ist ein gut sättigendes und gesundes Frühstück.

Tipp: Besonders im Winter ist dieses warme Frühstück beliebt und ein toller Start in den Tag.

Crunchy Cornflakes Frühstücksquark

KH 85 g | Eiweiß 31 g | Fett 7 g

Zubereitungszeit: ca. 15 Minuten
Portionen: 2
Schwierigkeit: einfach

Zutaten:
- 150 g Skyr oder Magerquark
- 6 EL Mandel Drink oder Wasser
- Stevia, flüssig oder Ahornsirup nach Bedarf
- 80 g Vollkorn Haferflocken
- Wasser
- 40 g Cornflakes, ungezuckert
- 4 Stücke Obst, nach Geschmack

Zubereitung:

1. Skyr oder Magerquark in eine Schüssel geben und mit Mandel Drink verrühren. Bei Bedarf mit Xylit abschmecken.
2. Die Haferflocken in eine Schale geben und mit heißem Wasser übergießen. Die Haferflocken sollten bedeckt sein, dann ca. 5 Minuten ziehen lassen.
3. Das Obst waschen klein schneiden und mit dem Quark verrühren. Die gequollenen Haferflocken dazugeben und ebenfalls unterrühren. Die Cornflakes erst kurz vor dem Servieren darüber streuen und verrühren.

Tipp: Wenn man die Cornflakes erst kurz vor dem Genießen unterrührt, bleiben sie crunchig und das bereitet den Kindern garantiert mehr Vergnügen.

Blaubeer-Flugscheibe

KH 156 g | Eiweiß 32 g | Fett 20 g

Zubereitungszeit: ca. 20 Minuten
Portionen: 2, ergibt 6 ca. Pfannkuchen
Schwierigkeit: normal

Zutaten:
- 2 Bio Bananen
- 2 Bio Äpfel
- 2 Eier
- 8 EL Vollkornmehl, gehäuft
- 1 TL Backpulver
- Öl zum Braten, z. B. Rapsöl
- 10 EL Blaubeeren
- Bio Zitrone, nach Geschmack
- Zimt, optional

Zubereitung:

1. Den Bio Apfel waschen, Kernhaus entfernen und grob reiben.
2. Banane mit einer Gabel zerdrücken. Limette waschen und Schale abreiben.
3. Apfel, Banane, etwas Limetten-Abrieb und das Ei in einer Schüssel geben und gut verrühren. Den Teig mit Zimt verfeinern.
4. Vollkornmehl und Backpulver abmessen und mischen und in die Masse einrühren.
5. Pfanne mit etwas Öl erhitzen (nicht zu heiß).
6. Den Teig mit einer kleinen Kelle portionsweise in der Pfanne verteilen. Wenn der Teig anfängt zu stocken (oben noch etwas flüssig ist) die Pfannkuchen mit den Heidelbeeren belegen.
7. Die Pfannkuchen bei schwacher Hitze backen (Pfanne mit einem Deckel abdecken). Sobald die Pfannkuchen gestockt sind, wenden und kurz die zweite Seite braten.

Hinweis: Die Pfannkuchen sollten langsam gebraten werden.
Warm schmecken sie am besten, dazu passt frisches Obst.

Gute Laune Frühstücks-Shake

KH 119 g | Eiweiß 31 g | Fett 35 g

Zubereitungszeit: ca. 10 Minuten
Portionen: 2
Schwierigkeit: einfach

Zutaten:
- 4 EL Früchte nach Wahl, frisch (z. B. Blaubeeren, Himbeeren)
- 2 Bio Bananen
- 4 EL Joghurt, fettarm, natur
- 2 EL Mandelmus
- 4 EL Vollkorn Haferflocken
- 3 EL Leinsamen oder Chiasamen
- Milch oder Hafer Drink, nach Belieben

Zubereitung:

1. Früchte waschen, Bananen schälen und das Obst etwas klein schneiden.
2. Danach die Früchte zusammen mit dem Joghurt, Mandelmus, Haferflocken und den Leinsamen in einen Mixer geben und kräftig mixen.
3. Anschließend so viel Mandel Drink oder Milch dazugeben bis die gewünschte Konsistenz erreicht ist. Noch einmal mixen.

Hinweis: Wer kein frisches Obst vorrätig hat, kann auch TK Früchte verwenden. Diese dann zuerst in den Mixer geben.

Tipp: Natürlich kann, wer in Besitz eines Hochleistungs-Mixers ist, anstelle von Mandelmus auch ganze Mandel verwenden. Der Vorteil bei Mandelmus ist, es bleiben keine harten Stücke im Shake.

Eierlei im Mantel

KH 7 g | Eiweiß 89 g | Fett 135 g

Zubereitungszeit: ca. 5 Minuten
Portionen: 2
Schwierigkeit: einfach

Zutaten:
- 16 Scheiben Mortadella, sehr dünn geschnitten, zuckerfrei
- 4 Eier
- 2 Scheiben Käse, dünn geschnitten, à 30 g, z. B. Emmentaler oder Gouda
- Mayonnaise, zuckerfrei

Zubereitung:

1. Eier kochen, abkühlen lassen, schälen und vierteln.
2. Jede Scheibe Käse in 4 Streifen schneiden.
3. Je 2 Scheiben Mortadella übereinanderlegen, etwas Mayonnaise darauf verteilen. Daneben einen Käse-Streifen legen. 2 Eier-Viertel nebeneinander auf die Mayonnaise drücken. Das Ganze zu einer Rolle formen. Danach die anderen Rollen herrichten.
4. Auf Tellern anrichten und schön garnieren.

Hinweis: Die Menge ist für 4 Rollen ausreichen.

Tipp: Wer Mortadella nicht so gern mag, kann auch andere Wurst oder Puten Schinken (gekocht) verwenden. Allerdings sollte darauf geachtet werden, dass die Wurst oder der Schinken zuckerfrei ist.

Toast Röllchen für die Lunchbox

KH 60 g | Eiweiß g | Fett 43 g

Zubereitungszeit: ca. 20 Minuten
Portionen: 2
Schwierigkeit: einfach

Zutaten:

- 1 Scheibe Tramezzini
- 1 Scheibe Vollkorn-Tramezzini
- ½ Dose Thun-Fisch
- 1 EL zuckerfreie Mayonnaise
- ½ EL Limettensaft
- ½ Bio-Karotte
- 2 Scheiben Bio Schinken
- 1 EL Crème fraîche
- 1 Scheibe Vollkorn-Tramezzini
- ½ Avocado
- ½ EL Butter
- ½ EL Limettensaft
- ¼ Bund Rucola, BioChia
- ½ Bio Chicorée
- ½ Prise Kokosblütenzucker
- Meersalz und schwarzer Pfeffer

Zubereitung:

1. Thunfisch in ein Sieb geben und abtropfen lassen. Danach mit Crème fraîche verführen und mit Meersalz und Pfeffer abschmecken.
2. Die Tramezzini Scheiben quer halbieren.
3. Rucola waschen, trocken schleudern und putzen.
4. Avocado halbieren, Kern und Schale entfernen, in Spalten schneiden und mit Limettensaft beträufeln.
5. Karotte, waschen, dünn schälen und grob hobeln.
6. Chicorée waschen, die äußeren Blätter und den Strunk entfernen und in Streifen schneiden.
7. Chicorée und die gehobelte Karotte in heißer Butter ca. 1 bis 2 Min. anschwitzen, vom Herd nehmen und mit Meersalz, Pfeffer sowie Kokosblütenzucker würzen. Abkühlen lassen.
8. Thunfisch auf die Vollkorn Trapezini streichen, mit Rucola und Avocado belegen, zusammenrollen und halbieren.
9. Die normale Scheibe Tramezzini mit Frischkäse bestreichen und das Gemüse darauf verteilen.
10. Zum Schluss noch die Schinken Scheiben darauflegen und einrollen. Ebenfalls einmal in der Mitte halbieren.

Hinweis: Trapezini Toastbrot ist ein spezielles Brot italienisches Toastbrot ohne Rinde. Dieses eignet sich für solche Gerichte optimal.

Superhelden Pudding

KH 40 g | Eiweiß g | Fett 34 g

Zubereitungszeit: ca. 35 Minuten
Portionen: 2
Schwierigkeit: normal

Zutaten:
- 60 g Chiasamen
- 500 ml Mandel Drink oder Hafer Drink, ungesüßt

Für das Erdbeermus:
- 120 g Erdbeeren frisch
- 2 TL Chiasamen
- ½ TL Xylit

Für das Topping:
- ½ Bio-Apfel oder Bio Aprikose
- Trockenfrüchte z. B. Ananas, Maulbeeren, zuckerfrei

Zubereitung:

1. Die Chiasamen und Mandel Drink gut verrühren. Die Chiasamen müssen mindestens 40 Minuten, besser über Nacht, im Kühlschrank quellen lassen.
2. Erdbeeren waschen, Grün abschneiden pürieren und dann die Chiasamen einrühren.
3. Das Topping ebenfalls in den Kühlschrank stellen und über Nacht quellen lassen.
4. Chia-Pudding in Schalen füllen.
5. Das Erdbeermus auf dem Chia-Pudding verteilen.
6. Vor dem Servieren den Apfel und die Trockenfrüchte zerkleinern und auf das Erdbeermus geben.

Tipp: Natürlich können auch andere Früchte z.B. Kirschen oder Heidelbeeren verwendet werden. Wenn die Früchte sehr sauer sind, verwenden Sie einfach etwas Xylit für das Topping.

Kerniges Porridge

KH 62 g | Eiweiß 15 g | Fett 14 g

Zubereitungszeit: ca. 20 Minuten
Portionen: 2
Schwierigkeit: normal

Zutaten:
- 70 g Vollkorn Haferflocken
- 1 Bio Apfel
- Kürbiskerne
- 350 ml Wasser
- 150 ml Mandel Drink, ungesüßt
- Ahornsirup, bei Bedarf
- 1 Prise Zimt
- 1 Prise Meersalz

Zubereitung:

1. Mandel Drink und Wasser zusammen mit den Vollkorn Haferflocken in einen Topf geben, umrühren und aufkochen lassen.
2. Auf mittlerer Hitze ca. 15 Minuten köcheln lassen, dabei immer wieder umrühren (brennt sonst leicht an).
3. In der Zwischenzeit einen Apfel waschen, Kerngehäuse entfernen und reiben.
4. Kürbiskerne ohne Öl in einer Pfanne rösten.
5. Eine Prise Meersalz kurz vor Ende der Kochzeit unterrühren.
6. Porridge kurz etwas abkühlen lassen, den geriebenen Apfel untermischen.
7. Auf Tellern anrichten und die Kürbiskerne darüber verteilen.

Hinweis: Dieses Frühstück eignet sich besonders für die kalte Jahreszeit. Wenn Sie die Haferflocken vor dem Kochen im Topf ohne Öl etwas anrösten, bekommt der Haferbrei noch eine leicht nussige Note.

Tipp: Frisches Obst ist eine tolle Ergänzung. Auch andere Toppings wie geröstete Nüsse oder etwas Trockenobst passen dazu.

Milchreis mit quietschbunter Orangensauce

KH 87 g | Eiweiß 13 g | Fett 10 g

Zubereitungszeit: ca. 35 Minuten
Portionen: 2
Schwierigkeit: normal

Zutaten:
- 130 g Milchreis
- 500 ml Mandel- oder Hafer Drink
- Vanille, gemahlen nach Belieben
- 1 Prise Meersalz

Für die Orangensauce
- 2 Bio Orangen
- ½ TL Zimt
- ¼ TL Kardamom, gemahlen
- ¼ TL Ingwer, gemahlen
- ½ EL Speisestärke

Zubereitung:

1. Milchreis und Mandel Drink, Vanille und eine Prise Meersalz in einen Topf geben, aufkochen, dann die Hitze reduzieren.
2. Den Milchreis mit geschlossenem Deckel bei geringer Hitze köcheln lassen (ca. 25 Minuten). Hin und wieder umrühren.
3. In der Zwischenzeit 1 Orange auspressen und die andere filetieren.
4. 1 Orange auspressen. Die zweite Orange filetieren.
5. Die Speisestärke mit etwas Orangensaft anrühren.
6. Den Rest des Saftes aufkochen, Gewürze dazugeben, umrühren und noch einmal aufkochen
7. Speisestärke einrühren, erneut unter Rühren kurz aufkochen. Orangenfilets hineingeben und bei geringer Hitze ca. 2 Minuten köcheln lassen. Ab und zu umrühren.

Tipp: Wenn die Orangen sehr sauer sind, kann man etwas Xylit zur Orangensauce geben. Wer essbare Blüten zur Hand hat, kann den Milchreis damit garnieren.

Rasend schnelle Frühstücks-Muffins

KH 243 g | Eiweiß 57 g | Fett 47 g

Zubereitungszeit: ca. 40 Minuten
Portionen: 12 Stück
Schwierigkeit: einfach

Zutaten:
- 250 g Hafermehl oder gemahlene Haferflocken
- 2 TL Backpulver
- 1 TL Zimt, optional
- 2 EL Cranberrys getrocknet, ungesüßt
- 2 EL Mohn
- 2 EL Kürbiskerne
- 2 sehr reife Bananen
- 250 ml Mandel Drink, ungesüßt
- 80 ml Öl, z. B. Rapsöl

Für das Topping
- 1 EL Vollkorn Haferflocken
- 1 EL Cranberrys getrocknet, ungesüßt
- 1 EL Mohn
- 1 EL Kürbiskerne

Zubereitung:

1. Backofen vorheizen auf 200 Grad Ober- und Unterhitze.
2. Die gemahlenen Vollkorn Haferflocken zusammen mit Backpulver, Cranberrys, Zimtpulver, Mohn und Kürbiskernen in einer Schüssel gut verrühren.
3. Bananen zerdrücken (geht mit einer Gabel) und zusammen mit Mandel Drink und Öl in ein hohes Gefäß geben und gut verrühren.
4. Danach die flüssigen Zutaten zu den restlichen geben und solange verrühren bis ein glatter Teig entstanden ist.
5. Backform einfetten, die Teigmasse gleichmäßig in die Muffin Form verteilen.
6. Die Zutaten für das Topping darauf streuen und ca. 30 Minuten backen.
7. Die Muffins nach dem Backen ca. 15 Minuten auskühlen lassen.

Erbarmungsloses Gourmet Sandwich

KH 65 g | Eiweiß 17 g | Fett 38 g

Zubereitungszeit: ca. 10 Minuten
Portionen: 2
Schwierigkeit: normal

Zutaten:
- 1 reife Avocado
- etwas Zitronensaft
- 1 Bio Tomate
- ¼ Bio Salatgurke
- 2 Handvoll Babyspinat
- 4 Scheiben Vollkorn-Sandwich-Toast
- 1 Prise Meersalz und schwarzer Pfeffer
- Basilikum, Bio

Zubereitung:

1. Die Avocado von Schale und Kern befreien und in Spalten schneiden. Zitrone auspressen und die Avocado damit beträufeln. Tomate waschen und in Scheiben schneiden.
2. Spinat gründlich waschen und trocken schleudern, Basilikum waschen und trocknen.
3. 2 Scheiben Toast mit Avocado Spalten und Tomaten Scheiben belegen und mit Meersalz und Pfeffer würzen.
4. Die anderen beiden Toast Scheiben ebenfalls mit Avocado Spalten belegen, mit Zitrone beträufeln und etwas würzen.
5. Gurke waschen, in Scheiben schneiden und auf die Avocado legen.
6. Nun Spinat, Tomatenscheiben und Basilikum darauf schichten.
7. Abschließend die letzten Tomatenscheiben darauflegen.
8. Sandwiches diagonal durchschneiden und anrichten.

Hinweis: Zitronensaft ist nicht zwingend erforderlich, verhindert aber, dass sich die Avocado braun verfärben und dann nicht mehr so appetitlich ausschauen.

Erdbeer Power Toast

KH 52 g | Eiweiß 22 g | Fett 18 g

Zubereitungszeit: ca. 20 Minuten
Portionen: 2
Schwierigkeit: normal

Zutaten:
- 80 g Erdbeeren
- 4 Scheiben Vollkorn Toastbrot
- 60 g Ricotta
- 1 Ei
- ½ TL Zimt

Zubereitung:

1. Erdbeeren waschen, Grün abschneiden und in kleine Würfel schneiden.
2. Erdbeeren zusammen mit Ricotta in eine Schüssel geben und gut verrühren.
3. In einer weiteren Schüssel die zwei Eier aufschlagen und mit Zimt verrühren.
4. Die Ricotta-Erdbeer-Masse auf eine Toast Scheibe geben und die 2. Scheibe darauf klappen.
5. Öl in einer Pfanne erhitzen. Das Sandwich von außen mit der Eiermasse bestreichen, in die Pfanne geben und von beiden Seiten goldbraun braten.

Tipp: Wenn es keine Erdbeeren gibt, kann man auch Blaubeeren oder Himbeeren verwenden.

Karotten Pancakes „Geschmack+"

KH 100 g | Eiweiß 37 g | Fett 19 g

Zubereitungszeit: ca. 30 Minuten
Portionen: 2
Schwierigkeit: normal

Zutaten:
- ½ Bio-Karotte
- ½ Bio Süßkartoffel
- 2 Eier
- 100 g Vollkornmehl
- ½ TL Backpulver
- 190 ml Milch, fettarm
- Öl zum Braten

Zubereitung:

1. Die Karotte waschen, Enden entfernen und fein reiben.
2. Süßkartoffel dünn schälen oder sehr gründlich waschen und in Würfel schneiden, danach weich kochen.
3. Die geriebene Karotte zusammen mit der gekochten Süßkartoffel in eine Schüssel geben und gut vermengen.
4. Die Milch und das Ei zur Masse geben und alles zu einer glatten Masse verarbeiten.
5. Vollkornmehl mit dem Backpulver mischen, zur Masse geben und gut verrühren. Aus dem Teig kleine Pancakes formen.
6. Eine Pfanne mit etwas Öl erhitzen und die Pancakes von beiden Seiten braten.

Hinweis: Wenn man die Pancakes nicht so groß macht, lassen sie sich besser wenden.

Tipp: Dazu passt Mango Apfelmus (ungesüßt).

Fröhliche Rührei-Muffins

KH 30 g | EW 42 g | Fett 32 g

Zubereitungszeit: ca. 15 Minuten
Portionen: 2
Schwierigkeit: normal

Zutaten:
- 4 Eier, Größe L
- 70 ml Milch, fettarm
- 1 TL Backpulver
- 20 g Vollkornmehl
- 15 g Käse, gerieben
- 1 Bio Tomate
- ½ gelbe Paprika
- etwas Butter zum Fetten der Muffin Form

Zubereitung:

1. Backofen auf 180 Grad ober- und Unterhitze vorheizen
2. Tomate und Paprika waschen, Paprika halbieren, Kerne und Grün entfernen, dann alles in Würfel schneiden.
3. Eier aufschlagen in eine Schüssel geben, verrühren, Vollkornmehl und Backpulver gut mischen und dazu geben.
4. Mit einem Mixer einen glatten Teig herstellen.
5. Zum Schluss Milch, Käse, Tomate und Paprika unterrühren.
6. Milch, geriebenen Käse, Tomaten und Paprika unterrühren.
7. Eine Muffin Form gut einfetten und den Teig gleichmäßig auf die Förmchen verteilen.
8. Im vorgeheizten Backofen ca. 15 – 20 Minuten backen.

Tipp: Wer es scharf mag, kann noch etwas Chili dazugeben.
Mit einem frischen Salat als Beilage ist das Gericht auch gut als Abendessen geeignet.

„Kicher" Wrap

KH 97 g | Eiweiß 15 g | Fett 20 g

Zubereitungszeit: ca. 10 Minuten
Portionen: 2
Schwierigkeit: einfach

Zutaten:
- 1 Bio-Karotte
- 1 Stange Sellerie, Bio
- 60 g Hummus Paste, zuckerfrei
- 2 Wraps, weich

Zubereitung:

1. Die Karotte waschen und sehr fein reiben
2. Sellerie waschen und in Würfel schneiden.
3. Eine Pfanne ohne Öl erhitzen um die Wraps (einzeln) darin zu erwärmen (ca. 10 Sekunden).
4. Die erwärmten Wraps mit dem Hummus bestreichen und anschließend die Karotte und den Sellerie darauf gleichmäßig verteilen.
5. Zum Schluss den Wrap zuerst unten umschlagen und dann von der Seite aufrollen.

Tipp: Je nach Geschmack kann natürlich auch anderes Gemüse verwendet werden.

Göttlich leckere Kaki

KH 138 g | Eiweiß 22 g | Fett 5 g

Zubereitungszeit: ca. 10 Minuten
Portionen: 2
Schwierigkeit: einfach

Zutaten:
- 2 reife Kaki
- 300 g Joghurt, fettarm
- 6 EL Hirse Flocken
- 2 TL Manuka Honig

Zubereitung:

1. Kaki waschen und oberen Teil (wie ein Deckel) abschneiden.
2. Kaki vorsichtig aushöhlen und das Fruchtfleisch in eine Schale geben.
3. Joghurt und Xylit zum Fruchtfleisch geben und alles mit dem Zauberstab mixen.
4. Zuletzt die Hirse Flocken dazugeben und unterrühren.
5. Kaki mit dem cremigen Joghurt füllen und servieren.

Tipp: Anstelle von Joghurt kann auch Quark verwendet werden.
Hirseflocken lassen sich auch gegen Haferflocken oder Amaranth (gepufft) austauschen.

Hobbit Quark

KH 40 g | Eiweiß 50 g | Fett 2 g

Zubereitungszeit: ca. 5 Minuten
Portionen: 2
Schwierigkeit: normal

Zutaten:
- 100 g Himbeeren, frisch oder alternativ TK
- Agavendicksaft, nach Belieben
- 400 g Magerquark
- Mandel Drink, nach Belieben
- Vanille, gemahlen
- 1 Nektarine oder Pfirsich
- 2 TL Limetten- oder Zitronensaft

Zubereitung:

1. Frische Himbeeren sehr fein pürieren und nach Belieben mit Agavendicksaft süßen.
2. Quark mit etwas Limettensaft, Mandel Drink und Vanille glatt rühren.
3. Die fertige Quarkspeise in Schalen füllen und die Himbeersauce darüber verteilen.

Tipp: Himbeeren nach Lust und Laune gegen anderes Obst ersetzen.

Kürbis Brötchen mit Mortadella

KH 60 g | Eiweiß 32 g | Fett 50 g

Zubereitungszeit: ca. 10 Minuten
Portionen: 2
Schwierigkeit: normal

Zutaten:
- 2 Vollkorn Körner-Brötchen
- 4 TL Frischkäse, fettarm (ca. 4 %)
- 100 g Bio Salatgurke
- 8 Scheiben Mortadella, fettarm und zuckerfrei

Zubereitung:

1. Vollkornbrötchen aufschneiden und die unteren Hälften mit dem Frischkäse bestreichen.
2. Gurke waschen und in Scheiben schneiden.
3. Gurkenscheiben und Mortadella auf die Brötchen geben.
4. Etwas Frischkäse auf die oberen Hälften der Brötchen geben und zusammenklappen.

Hinweis: Diese Brötchen sind auch super als Pausenbrot geeignet.

Tipp: Anstelle von Mortadella lässt sich auch Puten Schinken (zuckerfrei) verwenden.

Superfood Frühstück

KH 120 g | Eiweiß 13 g | Fett 17 g

Zubereitungszeit: ca. 12 Minuten
Portionen: 2
Schwierigkeit: normal

Zutaten:
- 1 EL bunte Quinoa
- 1 EL Hirse
- 1 Banane
- 180 g Bio-Apfel
- 50 g Medjool Datteln

Flüssige Zutaten und Gewürze
- 250 ml Mandel Drink
- 2 EL Mandelmus
- 1 EL Limettensaft
- 1 Prise. Zimt, gemahlen
- 1 Msp. Vanille, gemahlen
- 1 Prise Meersalz

Zubereitung:

1. Quinoa und Hirse über Nacht einweichen. Am Morgen abgießen und sehr gründlich unter fließenden heißen Wässern abwaschen und abtropfen lassen.
2. Anschließend in eine Schüssel geben. Apfel abwaschen, Kerngehäuse entfernen, raspeln und mit Limettensaft beträufeln.
3. Banane schälen, in Scheiben schneiden und ebenfalls mit Limettensaft beträufeln.
4. Datteln vom Kern befreien und klein schneiden.
5. Mandel Drink, Limettensaft, Zimt, Vanille und eine Prise Meersalz gründlich verrühren. Dann Mandelmus dazugeben und noch mal kräftig rühren. Alles (außer ein paar Bananen Scheiben) in eine Schüssel geben und gründlich durchmischen.
6. Das fertige Frühstück auf zwei Schüsselchen verteilen, mit den
7. Bananenscheiben garnieren und genießen.

2. Rezepte für Mittag- und Abendessen

Ofenfrikadelle „Immer satt" mit Gemüse

KH 120 g | Eiweiß 70 g | Fett 23 g

Zubereitungszeit: ca. 60 Minuten
Portionen: 2
Schwierigkeit: normal

Zutaten:

- 125 g kleine Tomaten, Bio
- ½ Bio-Karotte
- ½ Bio-Zucchini
- ½ Bund Petersilie
- ½ rote Zwiebel
- 150 g Tomatennudeln
- 50 g Semmelbrösel
- 1 Ei
- ½ EL Tomatenmark
- 1 Knoblauchzehe
- 200 g Bio-Rinderhackfleisch
- Meersalz und schwarzer Pfeffer
- ½ EL Schnittlauch
- ½ Bio-Karotte
- ½ Bio-Zucchini
- ½ EL Schnittlauch

Zubereitung:

1. Ofen auf 190 Grad Umluft vorheizen.
2. Karotte und die Zucchini waschen, putzen und mit einer feinen Reibe raspeln.
3. Die geraspelten Zucchini gut ausdrücken (das ist nötig um das Wasser zu entfernen).
4. Die Zwiebel abziehen und sehr klein schneiden. Petersilie waschen, trocknen und hacken.
5. Zucchini, Karotte, Zwiebel und Petersilie gut miteinander vermengen.
6. Tomatennudeln nach Packungsanleitung kochen.
7. Semmelmehl, Ei, Tomatenmark und Hackfleisch in eine Schüssel geben und gut durchmischen. Mit Meersalz und Pfeffer würzen.
8. Danach das Gemisch aus Karotte, Zucchini, Zwiebel und Petersilie dazugeben und vermengen. Die Masse dafür am besten mit den Händen kneten und anschließend zu einem Quader formen.

9. In einer Pfanne Olivenöl erhitzen und den Hackbraten rundherum kräftig anbraten, dann in eine Auflaufform geben, mit dem Bratensaft aus der Pfanne übergießen und im Ofen ca. 45 Minuten garen.
10. Die Tomaten waschen und den Knoblauch abziehen. Beides in eine weitere Auflaufform geben, mit Olivenöl beträufeln und mit Meersalz und Pfeffer würzen.
11. Ca. 20 Minuten im Backofen garen. Etwas abkühlen lassen und mit dem Zauberstab gründlich pürieren, sodass eine Sauce entsteht.
12. Den Schnittlauch waschen und in Röllchen schneiden.
13. Die Tomatennudeln mit dem Hackbraten und der Tomatensauce anrichten und mit dem Schnittlauch garnieren.

Eisbergsalat mit Hackes

KH 26 g | Eiweiß 108 g | Fett 150 g

Zubereitungszeit: ca. 45 Minuten
Portionen: 2
Schwierigkeit: normal

Zutaten:
- 400 g Eisberg-Salat
- 400 g Rinderhackfleisch
- 1 rote Zwiebel
- 125 g Bacon
- 250 g Käse, z. B. Gouda, mittelalt (in Scheiben)
- Meersalz und schwarzer Pfeffer
- 160 g zuckerfreie Mayonnaise
- 25 g zuckerfreier Ketchup
- 15 g zuckerfreier Senf
- 120 g Gewürzgurken, zuckerfrei
- 15 ml Gurkenflüssigkeit
- 65 ml Wasser
- 1 TL Limettensaft
- Xylit, nach Bedarf

Zubereitung:

1. Zuerst Mayonnaise, Ketchup, Senf und Gurkenflüssigkeit e in ein hohes Gefäß geben und kräftig verrühren.
2. Gewürzgurken in sehr kleine Würfel schneiden zusammen mit dem Limettensaft und etwas Xylit dazugeben und noch einmal umrühren. Mit Salz und Pfeffer abschmecken und für mindestens 30 Minuten in den Kühlschrank stellen (das Dressing sollte gut durchgezogen sein).
3. Eisberg-Salat waschen, putzen und trocken schleudern. Anschließend sowohl den Eisberg-Salat als auch den Käse in Streifen schneiden.
4. Pfanne ohne Öl erhitzen und Schinken darin knusprig braten, auf Küchenpapier abtropfen lassen.
5. Den Bacon in einer Pfanne knusprig braten, zum Abtropfen auf Küchenkrepp legen.
6. Die Zwiebel abziehen und in Würfel schneiden, im Schinkenfett glasig braten.

7. Hackfleisch zu den Zwiebeln geben und krümelig braten. Anschließend mit Pfeffer abschmecken.
8. Die Hälfte vom Käse auf das Hackfleisch verteilender Gouda-Stifte auf dem Hackfleisch verteilen. Nun die Pfanne mit einem Deckel abdecken und den Käse bei geringer Hitze einige Minuten zerlaufen lassen.
9. ¾ des Eisberg-Salates mit dem Rest vom Käse in eine Schüssel geben und mischen.
10. Das Hackfleisch aus der Pfanne nehmen und auf dem Salat verteilen.
11. Zum Schluss den Rest des Eisberg-Salates auf dem Hackfleisch verteilen, mit dem in Stückchen zerbröselten Bacon bestreuen.

Tipp: Wer keinen Schinken mag, kann ihn einfach weglassen.

Zucchini-Taler

KH 80 g | Eiweiß 30 g | Fett 74 g

Zubereitungszeit: ca. 40 Minuten
Portionen: 2
Schwierigkeit: einfach

Zutaten:
- 1 Bio Zucchini, klein
- 2 Bio-Karotten
- ½ Stange Lauch
- 1 Stange Staudensellerie
- 1 Paprika, rot
- ½ Bio Brokkoli
- 1 Bio Zucchini, groß
- 100 g Kokos-Creme
- 3 EL Erdnussmus
- 3 EL Senf, zuckerfrei
- etwas Wasser
- Kichererbsen Mehl, nach Bedarf
- Meersalz und schwarzer Pfeffer
- Cashew-Kerne, wer mag
- Petersilie zum Garnieren
- Öl zum Braten

Zubereitung:

1. Die Zucchini (klein), Karotten, Lauch, Staudensellerie und Paprika waschen, putzen und in mundgerechte Stücke (Streifen oder Scheiben) schneiden.
2. Brokkoli waschen, putzen und in Röschen zerteilen.
3. Anschließend die 2. Zucchini waschen, in Scheiben schneiden und mit Meersalz und Pfeffer würzen.
4. Senf mit etwas Wasser verrühren (sollte eine cremige Konsistenz haben). Die Zucchini Scheiben darin wenden und anschließend mit Kichererbsen Mehl panieren.
5. Eine Pfanne mit Öl erhitzen und die panierten Zucchini Scheiben von beiden Seiten braun braten, auf Küchenpapier abtropfen lassen.

6. In der Zwischenzeit in einer 2. Pfanne mit etwas Öl den Lauch kurz anbraten und dann das andere Gemüse dazugeben, hin und wieder umrühren.
7. Die Kokoscreme, etwas Wasser und Erdnussmus zum Gemüse geben und solange köcheln bis die gewünschte Konsistenz erreicht ist (falls nötig noch etwas Wasser dazugeben).
8. Cashew-Kerne in eine Pfanne ohne Öl etwas anrösten.
9. Petersilie waschen, Trocknen und hacken.
10. Die Gemüsepfanne und Zucchini anrichten und mit Cashew Kernen und Petersilie bestreuen.

Hinweis: Wer möchte, kann die Zucchini Scheiben vor dem Panieren kurz in Vollkornmehl wenden, dann hält die Panade noch besser.

Tipp: Gemüse kann natürlich je nach Saison und Belieben ausgetauscht werden

Meisters Geflügel Gulasch

KH 85 g | Eiweiß 72 g | Fett 15 g

Zubereitungszeit: ca. 20 Minuten
Portionen: 2
Schwierigkeit: einfach

Zutaten:
- 60 g Vollkornreis
- 150 ml Hühnerbrühe
- 240 g Putenbrustfilet
- 1 rote Zwiebel
- 3 Bio-Karotten
- ½ TL Öl
- 125 g fettarmer Joghurt
- 50 ml Orangensaft, zuckerfrei
- ½ TL Speisestärke
- ½ TL Curry
- Meersalz und schwarzer Pfeffer
- 150 g Mais aus der Dose

Zubereitung:

1. Reis nach Packungsanleitung garen. In das Wasser etwas Hühnerbrühe geben. Hühnerbrust in mundgerechte Stücke schneiden.
2. Zwiebel abziehen und in kleine Würfel schneiden, Karotte putzen und in Ringe schneiden.
3. Eine Pfanne mit Öl erhitzen, Hühnerbrust, Karotte und Zwiebel darin anbraten.
4. Mit Hühnerbrühe ablöschen und den Deckel auf die Pfanne geben. Ca. 20 Minuten bei mittlerer Hitze schmoren.
5. In der Zwischenzeit Orangensaft, Joghurt und Curry gut verrühren.
6. Kurz vor Ende der Garzeit einrühren und noch einmal aufkochen.
7. Zum Schluss das Gulasch mit Meersalz und Pfeffer abschmecken.
8. Mais abgießen und mit dem Reis vermischen und zum Gulasch servieren.

Cremige Kürbis Suppe

KH 88 g | Eiweiß 22 g | Fett 17 g

Zubereitungszeit: ca. 45 Minuten
Portionen: 2
Schwierigkeit: normal

Zutaten:
- ½ Hokkaido Kürbis
- 3 Bio-Karotten
- ½ Zwiebel
- ½ l Gemüsebrühe
- Öl zum Braten
- schwarzer Pfeffer
- etwas Limettensaft

Zubereitung:

1. Hokkaido Kürbis waschen, Enden abschneiden und in mundgerechte Stücke zerteilen.
2. Karotten waschen, putzen und in Stücke schneiden.
3. Zwiebel abziehen und klein schneiden.
4. Öl in einer Pfanne erwärmen, erst die Zwiebel kurz andünsten, dann Kürbis und Karotten dazugeben und kurz mit braten.
5. Mit der Gemüsebrühe ablöschen und köcheln lassen bis die gewünschte Konsistenz erreicht ist.
6. Alle Zutaten in der Brühe kochen, bis sie weich sind und anschließend fein pürieren. Schon ist die Suppe fertig. Je mehr Brühe Ihr verwendet, desto flüssiger wird die Suppe.
7. Wenn die Suppe fast fertig ist, etwas Limettensaft dazugeben und mit Pfeffer abschmecken.

Hinweis: Der Hokkaido Kürbis kann mit Schale verwendet werden.

Tipp: Wer die Suppe lieber cremig mag, kann sie kurz vor dem Servieren noch mit dem Zauberstab pürieren.

Bangkok Tofu Gemüsepfanne

KH 21 g | Eiweiß 43 g | Fett 22 g

Zubereitungszeit: ca. 35 Minuten
Portionen: 2
Schwierigkeit: normal

Zutaten:
- ½ EL Bio Kokosöl, kalt gepresst
- ½ Paprikaschote, rot
- ½ Bio Karotte
- 1 Frühlingszwiebel
- ¼ Tasse Kokosmilch, zuckerfrei
- 1 TL Currypaste, grüne
- ½ TL Kurkuma, gemahlen
- ½ EL Sojasoße
- 250 g Tofu
- 1 Handvoll Spinat, frisch

Zubereitung:

1. Paprika, Karotte und Frühlingszwiebel waschen, Paprika in Würfel schneiden, Karotte grob reiben und die Frühlingszwiebel in Röllchen.
2. Kokosöl in einer Pfanne oder Wok erhitzen.
3. Das Gemüse bei mittlerer Hitze ca. 3 Minuten braten.
4. Die Kokosmilch mit Curry, Sojasoße und Kurkuma verrühren (die Paste sollte sich aufgelöst haben).
5. Tofu abspülen, abtropfen und zerkleinern.
6. Die Kokosmilch und den Tofu in den Wok geben und alles ca. 8 Minuten köcheln lassen.
7. Spinat waschen, abtropfen und in die Pfanne geben und noch ca. 2 Minuten köcheln.

Tipp: Der frische Spinat kann bei Bedarf durch TK Spinat ersetzt werden.

Lachs Taschen

KH 57 g | Eiweiß 66 g | Fett 97 g

Zubereitungszeit: ca. 1.35 Stunde
Portionen: 2
Schwierigkeit: mittel

Zutaten:
- 150 g TK Blätterteig
- 100 g Bio Lachs, geräuchert
- 40 g Parmesan, gerieben
- 35 g Emmentaler, gerieben
- 3 Eigelb
- ½ EL Kondensmilch, zuckerfrei
- 60 ml Sahne
- etwas Wasser
- ½ EL zuckerfreier Meerrettich, gerieben
- Xylit, nach Bedarf
- 1 TL Zitronensaft oder Limettensaft
- etwas Meersalz
- Schnittlauch zum Garnieren

Zubereitung:

1. Backofen auf 200 Grad vorheizen. Blätterteig auftauen lassen. Anschließend die Platten halbieren und ausrollen (ungefähr auf die doppelte Größe). Den Lachs in Würfel schneiden.
2. Käse mit den 2 Eigelb vermischen, Lachs unterheben und die Masse gleichmäßig auf den Blätterteig verteilen.
3. 1 Ei mit der Kondensmilch verquirlen, die Teig Ränder damit einstreichen, Teig zu einem Dreieck zusammenklappen und die Ränder fest andrücken.
4. Nun die Teigtaschen noch mit dem Milch-Ei-Gemisch bepinseln.
5. Backblech mit etwas Wasser anfeuchten und die Teigtaschen darauflegen, ca. 12 Minuten backen.
6. Sahne mit einem Mixer steif schlagen, mit geriebenem Meerrettich, Xylit, Zitronensaft und Meersalz würzen. Die Sahne mit Schnittlauch bestreuen, zu den Teigtaschen servieren.

Tipp: Anstelle der Kondensmilch kann auch Sahne verwendet werden.

Buntes Puten Curry

KH 65 g | Eiweiß 103 g | Fett 30 g

Zubereitungszeit: ca. 15 Minuten
Portionen: 2
Schwierigkeit: einfach

Zutaten:
- 360 g Putenbrustfilet
- 3 TL Gewürzmischung für Geflügel
- 3 TL Öl
- 3 rote Paprikaschoten
- 150 g Erbsen, TK
- 100 ml Orangensaft, zuckerfrei
- 4 EL saure Sahne
- 1 TL Currypulver
- Meersalz und schwarzer Pfeffer

Zubereitung:

1. Putenbrust in Streifen oder Würfel schneiden und würzen.
2. Pfanne mit Öl erhitzen und das Fleisch anbraten.
3. Paprika waschen, entkernen, in Würfel schneiden und mit den Erbsen zum Fleisch geben und kurz mit braten.
4. Mit Orangensaft ablöschen und bei geringer Hitze ca. 10 Minuten köcheln lassen.
5. Kurz vor Schluss die Sahne unterrühren und mit Salz, Pfeffer und Curry abschmecken.

TIPP: Dazu passt Vollkornreis.

Schneller Brokkoli Frischkäse Auflauf

KH 27 g | Eiweiß 74 g | Fett 46 g

Zubereitungszeit: ca. 35 Minuten
Portionen: 2
Schwierigkeit: einfach

Zutaten:
- 1 EL Olivenöl
- 200 g Schinkenspeck
- 1 rote Zwiebel
- 3 scharfe Peperoni, aus dem Glas
- 3 Knoblauchzehen
- 200 g Frischkäse, fettarm
- 1 EL Tomatenmark, zuckerfrei
- etwas Milch
- 1 Bio-Brokkoli, mittelgroß
- Meersalz und schwarzer Pfeffer

Zubereitung:

1. Schinkenspeck in Würfel schneiden. Zwiebel und Knoblauch abziehen, fein würfeln, die Peperoni klein schneiden.
2. Pfanne mit Öl erhitzen, Schinkenspeck darin anbraten, Zwiebel dazugeben und mitbraten.
3. Brokkoli waschen, putzen und in Röschen zerteilen.
4. Dann den Knoblauch dazugeben und noch einmal kurz braten, mit Milch ablöschen.
5. Den Frischkäse und Tomatenmark dazugeben und gut umrühren.
6. Brokkoli in die Pfanne geben
7. Mit etwas Milch ablöschen. Frischkäse und Tomatenmark hinzugeben und verrühren. Evtl. noch etwas Milch dazugeben.
8. Den Brokkoli hineingeben und mit Salz und Pfeffer abschmecken.
9. Deckel auf die Pfanne geben und bei mittlerer Hitze garen bis er die gewünschte Konsistenz erreicht hat.

Tipp: Brokkoli kann auch gern durch Blumenkohl ersetzt werden.

Betrüger Lasagne

KH 73,1 g | Eiweiß 104 g | Fett 74 g

Zubereitungszeit: ca. 40 Minuten
Portionen: 2
Schwierigkeit: einfach

Zutaten:

- 500 g Bio Zucchini, dicke
- 250 g Rinderhackfleisch
- ½ rote Zwiebel, groß
- ½ Knoblauchzehe
- ½ Dose Tomaten, gehackt
- ½ Becher Frischkäse, fettarm
- 50 ml Milch
- saure Sahne, nach Belieben
- Meersalz und schwarzer Pfeffer
- Petersilie
- Thymian
- Oregano
- Olivenöl
- Paprika, edelsüß
- 75 g Käse, gerieben
- ½ EL Tomatenmark

Zubereitung:

1. Backofen auf 200 Grad vorheizen. Zucchini waschen, putzen und längs in Scheiben schneiden (fingerdick).
2. Öl in einer Pfanne erhitzen und die Zucchini-Scheiben und von beiden Seiten braun anbraten, auf Küchenkrepp abtrocknen lassen.
3. Zwiebel und Knoblauch abziehen und klein schneiden, in einer Pfanne anbraten.
4. Hackfleisch dazugeben und krümelig braten. Wenn das Hackfleisch leicht braun ist mit Salz, Puffer und Paprika abschmecken.
5. Tomatenmark dazugeben, unterrühren und kurz mit anbraten
6. Die gehackten Tomaten dazugeben und mit den Kräutern würzen, bei niedriger Hitze ca. 10 Minuten köcheln lassen.
7. Petersilie waschen, trocknen und hacken und dazugeben.
8. Saure Sahne, Frischkäse und Milch verrühren, mit Salz und Pfeffer abschmecken, geriebenen Käse unterrühren.
9. Lasagne Form oder eine Auflaufform mit Zucchini Scheiben auslegen, darauf eine Schicht mit dem Hackfleisch geben, dann die Sahne-Sauce, danach wieder Zucchini Scheiben. So weiter machen bis die Form voll ist und alles aufgebraucht wurde.

10. Zuletzt den Rest geriebenen Käse darauf verteilen und ab in den Ofen.
11. Lasagne bei 200 Grad ca. 30 Minuten backen.

Tipp: Dazu passt ein frischer bunter Salat.

Hähnchen Zucchini Teller

KH 21 g | Eiweiß 79 g | Fett 4 g

Zubereitungszeit: ca. 50 Minuten
Portionen: 2
Schwierigkeit: normal

Zutaten:
- 250 g Hähnchenbrustfilet
- 1 Bio Zucchini, groß
- ½ Bio Gurke
- 3 Bio Strauch Tomaten, mittelgroß
- 1 kleine rote Zwiebel
- 2 Knoblauchzehen
- 100 g Frischkäse, fettarm
- Milch, 1,5 %, nach Bedarf
- Meersalz und schwarzer Pfeffer
- Curry, gemahlen
- Paprika, edelsüß

Zubereitung:

1. Hähnchenbrust in Würfel schneiden und in einer Pfanne mit etwas Öl knusprig anbraten, mit Salz, Pfeffer, Curry und Paprika würzen.
2. Zucchini, Gurke, Tomaten waschen und klein schneiden.
3. Hähnchenbrust aus der Pfanne nehmen und bei Seite stellen.
4. Zwiebel und Knoblauch abziehen, klein schneiden und in der Pfanne anbraten.
5. Anschließend Zucchini in die Pfanne geben mit braten bis sie bissfest ist, dann Tomaten und Gurke dazugeben und ca. 4 Minuten mitbraten.
6. Frischkäse mit der Milch verrühren und zu dem Gemüse geben, umrühren.
7. Hähnchenbrust wieder dazugeben und Deckel auf die Pfanne legen, bei mittlerer Hitze ca. 8 Minuten köcheln.
8. Sobald die Sauce eine cremige Konsistent erreicht hat mit Paprika abschmecken.

Tipp: Die Tomaten können auch durch Paprika ergänzt werden.

Rapper Wrap

KH 3,9 g | Eiweiß 70 g | Fett 74 g

Zubereitungszeit: ca. 40 Minuten
Portionen: 2
Schwierigkeit: normal

Zutaten:
Für den Teig:
- 80 g Quark
- 2 Eier
- 80 g Käse, gerieben

Für den Belag:
- 40 g Käse, gerieben
- Tomatensauce, nach Belieben
- Rindfleisch
- Gemüse, nach Belieben
- Bio Rucola

Zubereitung:

1. Ofen auf 170 °C Umluft vorheizen.
2. Eier, Quark und geriebenen Käse in eine Schüssel geben und gut verrühren.
3. Backblech mit Backpapier auslegen und Teig gleichmäßig darauf verteilen, glatt streichen, ca. 15 Minuten backen.
4. Den Pizzaboden aus dem Backofen nehmen und mit Tomatensauce, Gemüse und Schinken belegen. Mit Käse bestreuen.
5. Das Backblech erneut in den Ofen schieben und solange backen bis die Käse eine schöne goldbraune Farbe hat.
6. Backblech aus dem Ofen nehmen abkühlen lassen, mit Rucola belegen und vorsichtig einrollen.

Tipp: Zum Belegen eignen sich Salami, Schinken, Paprika, Zucchini.

Gemüse-Bandnudeln mit Hähnchen

KH 19 g | Eiweiß 70 g | Fett 27 g

Zubereitungszeit: ca. 30 Minuten
Portionen: 2
Schwierigkeit: normal

Zutaten:
- 250 g Hähnchenbrust
- 1 Bio-Karotte
- 1 ½ Bio-Zucchini
- 2 Tomaten
- 1 EL Olivenöl
- ½ TL Currypaste, rot
- ½ TL Gemüsebrühe
- 1 ½ EL Wasser
- 1 ½ EL Tomatenmark
- 75 g Ziegenfrischkäse
- Meersalz und schwarzer Pfeffer

Zubereitung:

1. Hähnchenbrust in mundgerechte Stücke schneiden. Öl in einer Pfanne erhitzen Currypaste dazugeben, verrühren. Hähnchenfleisch in der Pfanne rundherum knusprig braten.
2. In der Zwischenzeit die Zucchini und die Karotte waschen und putzen.
3. Mit einem Sparschäler die Bandnudeln abziehen. Bei den Zucchini bleibt das Innere übrig.
4. Hähnchenfleisch aus der Pfanne nehmen. Wasser und Gemüsebrühe zum Bratensaft geben und aufkochen, die Karotten und Zucchini Nudeln darin bissfest garen.
5. Tomaten waschen, würfeln und zum Gemüse geben.
6. Anschließend den Frischkäse und das Fleisch dazugeben, umrühren und noch einmal heiß werden lassen.
7. Das Ganze zum Schluss mit Meersalz und Pfeffer abschmecken.

Lachs mit Ofengemüse „Athen"

KH 23 g | Eiweiß 85 g | Fett 58 g

Zubereitungszeit: ca. 45 Minuten
Portionen: 2
Schwierigkeit: einfach

Zutaten:
- 250 g Lachsfilet, frisch
- 1 Bio-Zucchini, mittelgroß
- 1 gelbe Bio Paprika
- 300 g Bio Romanatomaten
- 150 g Bio Champignons, braun
- 100 g Feta Käse
- 2 Knoblauchzehen
- etwas Meersalz und schwarzer Pfeffer
- Chili, nach Belieben
- etwas Öl

Zubereitung:

1. Backofen auf 180 Grad Unter- und Oberhitze vorheizen.
2. Lachs waschen und trocknen, mit Meersalz und Pfeffer würzen.
3. Feta in Würfel schneiden. Zucchini waschen und putzen.
4. Zucchini und Champignons in Scheiben schneiden.
5. Knoblauch abziehen, hacken, Tomaten waschen und vierteln.
6. Das Gemüse in eine Schüssel mit Salz und Pfeffer geben, Olivenöl und etwas Chili dazugeben und vermengen.
7. Das Gemüse in Backpapier geben (Ränder des Backpapiers hochhalten), den Lachs darauflegen und den Feta großzügig verteilen im Backofen ca. 30 – 35 Minuten garen.

Hinweis: Anstelle von Backpapier kann man auch Alufolie verwenden.

Schwimmendes Schupfnudel-Gericht

KH 225 g | Eiweiß 35 g | Fett 10 g

Zubereitungszeit: ca. 25 Minuten
Portionen: 2
Schwierigkeit: einfach

Zutaten:
- 600g Schupfnudeln, zuckerfrei
- 200g Erbsen, frisch oder TK
- 1/2 Glas Kartoffelcremesuppe
- 1 EL Öl zum Braten
- Petersilie

Zubereitung:

1. Eine Pfanne mit Öl erhitzen und die Schupfnudeln darin rundherum goldbraun braten.
2. Kurz vor Ende die Erbsen dazugeben und kurz mitbraten.
3. Mit der Suppe ablöschen und erneut erwärmen.
4. Petersilie waschen, Trocknen und Hacken.
5. Die Schupfnudeln anrichten und mit der Petersilie bestreuen.

Tipp: Dazu passt ein frischer Salat.

Little Thai Reis

KH 45 g | Eiweiß 30 g | Fett 44 g

Zubereitungszeit: ca. 25 Minuten
Portionen: 2
Schwierigkeit: normal

Zutaten:
- 100 g Vollkorn-Reis
- 6 Shrimps
- Öl zum Braten
- Asia-Gemüse
- Little Thai Suppe
- Walnüsse

Zubereitung:

1. Den Vollkorn-Reis nach Packungsanleitung kochen.
2. Walnüsse hacken und in einer Pfanne ohne Öl rösten.
3. Wenn der Reis gar ist, Öl in eine Pfanne geben, Shrimps anbraten, Asia Gemüse dazugeben und mit der Suppe ablöschen.
4. Heiß werden lassen, auf Tellern anrichten und mit den Nüssen bestreuen.

Tipp: Anstelle des Thai Gemüses eignen sich eine Mischung aus Paprika, Karotten, Bambussprossen und Mungo Bohnen-Keimlinge.

Die Walnüsse können durch Cashewkerne oder andere Nüsse ersetzt werden.

One Pot Pasta mit Süßkartoffel Sauce

KH 153 g | Eiweiß 27 g | Fett 24 g

Zubereitungszeit: ca. 25 Minuten
Portionen: 2
Schwierigkeit: einfach

Zutaten:
- 400 g Süßkartoffeln
- 200 g Nudeln, nach Belieben
- 40 g Nuss Mus
- etwas Milch oder Sahne
- Meersalz und schwarzer Pfeffer
- Gewürze nach Wahl, z. B. Kurkuma, Chili, Cayenne-Pfeffer

Zubereitung:

1. Süßkartoffel schälen, in Stücke schneiden und mit etwas Wasser weich kochen.
2. In der Zwischenzeit Pasta nach Packungsanleitung kochen, dann abgießen und abtropfen lassen.
3. Die weiche Süßkartoffel pürieren. Anschließend mit etwas Milch und Sahne cremig rühren und mit Salz, Pfeffer und anderen Gewürzen abschmecken.
4. Dann die fertigen Nudeln in die Sauce geben und kurz erwärmen.
5. In einer Pfanne ohne Öl Cashew Kerne rösten.
6. Petersilie oder Koriander waschen, trocknen und hacken.
7. Die Pasta mit der Süßkartoffelsauce auf Teller geben, die gerösteten Nüsse und die Petersilie (Koriander) darüber verteilen.

Hinweis: Wem die Sauce zu dick ist, einfach noch etwas Milch dazugeben.

Tipp: Anstelle von Cashew Kernen können auch andere Nüsse verwendet werden.

Little Italy Chili con Carne

KH 150 g | Eiweiß 77 g | Fett 30 g

Zubereitungszeit: ca. 35 Minuten
Portionen: 2
Schwierigkeit: normal

Zutaten:
- 200 g Hackfleisch
- 300 g Kidney Bohnen
- 300 g Bio Mais
- 2 Bio-Karotten
- 1 rote Zwiebel
- 1 Knoblauchzehe
- ½ Aubergine
- 400 ml Little Italy Suppe
- Meersalz und schwarzer Pfeffer
- Gewürze, nach Geschmack
- 140 g Reis (Trockengewicht)

Zubereitung:

1. Zwiebel und Knoblauch abziehen und klein schneiden.
2. Aubergine und Karotte waschen, putzen und klein schneiden, anschließend mit Öl in der Pfanne anbraten.
3. Danach das Hackfleisch dazugeben und braten (ca. 3 – 4 Minuten).
4. Mais und Kidney Bohnen in ein Sieb geben und ablaufen lassen, dann in die Pfanne geben, mit der Suppe aufgießen (wenn nötig noch etwas Wasser dazugeben).
5. Anschließend nach Herzenslust würzen (Meersalz, Pfeffer, Chili).
6. Alles in eine Auflaufform füllen, den geriebenen Käse verteilen und bei 200 Grad ca. 20 Minuten kross backen.
7. In der Zwischenzeit den Reis nach Anleitung kochen.

Hinweis: Wer vegetarisch oder vegan essen möchte, kann das Hackfleisch durch Soja-Geschnetzeltes ersetzen.

Tipp: Reis kann auch durch Baguette ersetzt werden.

Raclette Mini-Flammkuchen

KH 70 g | Eiweiß 45 g | Fett 56 g

Zubereitungszeit: ca. 20 Minuten
Portionen: 2
Schwierigkeit: einfach

Zutaten:
- 100 g Vollkornmehl
- 50 ml Wasser
- 1 EL Öl
- 1 Prise Meersalz

Für die Creme:
- ½ Becher saure Sahne
- ½ Becher Crème fraîche
- Meersalz und schwarzer Pfeffer

Für den Belag:
- ½ rote Zwiebel
- 80 g Speck
- 40 g Käse

Zubereitung:

1. Vollkornmehl, Wasser, Öl und Meersalz zu einem Teig verkneten, pflaumengroße Kugeln formen.
2. Crème fraîche und saure Sahne verrühren und mit Meersalz und Pfeffer würzen.
3. Zwiebel abziehen und in feine Ringe schneiden, Speck in kleine Würfel schneiden.
4. Je eine Teig Kugel in die Raclette-Pfännchen drücken und je einen Esslöffel saure Sahne darauf verteilen, mit Speck und Zwiebel belegen und zuletzt den Käse darauf verteilen.
5. Die Raclette Pfännchen ins Raclette geben und ca. 12 Minuten garen.

Hinweis: Dieses Rezept eignet sich prima für einen Kindergeburtstag.

Tipp: Für Kinder, die keinen Speck mögen, kann man alternativ auch Spinat und Käse verwenden.

Hähnchen Paella

KH 151 g | Eiweiß 88 g | Fett 72 g

Zubereitungszeit: ca. 55 Minuten
Portionen: 2
Schwierigkeit: einfach

Zutaten:
- 1 Paprika, gelb
- 1 Paprika, rot
- 1 ½ EL Öl
- 150 g Risotto Reis
- Safran
- Kurkuma
- 350 ml Gemüsebrühe
- 150 g Erbsen, frisch oder TK
- 300 g Hähnchen Flügel
- Meersalz und schwarzer Pfeffer
- Paprika, edelsüß
- Chili, nach Belieben
- 1 Bio Zitrone

Zubereitung:

1. Paprika waschen, halbieren, Kerne und Stiel entfernen und in mundgerechte Stücke schneiden.
2. Öl in einer Pfanne erhitzen, Paprika anbraten, Risotto-Reis zugeben, andünsten und mit Kurkuma und Safran kräftig würzen.
3. Mit der Gemüsebrühe ablöschen, den Rest aufgießen, die Erbsen dazugeben und aufkochen. In eine feuerfeste Form geben, die Hähnchen Flügel darauf verteilen, mit Meersalz, Pfeffer, Paprika und wer mag, mit Chili würzen. Ca. 20 Minuten bei 200 Grad garen.
4. Zitrone waschen und in Spalten schneiden.
5. Die Form aus dem Backofen nehmen, auf Tellern verteilen und mit den Zitronen Spalten garnieren.

Hinweis: Kinder mögen Hähnchen Flügel, deshalb kommt das Gericht gut an.
Tipp: Gemüse kann auch durch andere Sorten ersetzt werden.

Nudeln mit Tomaten-Gemüse-Sauce

KH 238 g | Eiweiß 51 g | Fett 39 g

Zubereitungszeit: ca. 25 Minuten
Portionen: 2
Schwierigkeit: einfach

Zutaten:
- 2 Dosen Tomate, Bio
- 300 g Vollkorn Nudeln z. B. Fusilli
- 2 Bio Zucchini, klein
- 2 Bio-Karotten, mittelgroß
- Basilikum, nach Belieben
- Meersalz und schwarzer Pfeffer
- Chili, nach Belieben
- 2 EL Rapsöl

Zubereitung:

1. Die Tomaten in einen Topf gießen und mit dem Messer etwas zerteilen, zusätzlich eine halbe Dose Wasser auffüllen.
2. Die beiden Zucchini und die Karotten waschen und putzen.
3. Karotten und Zucchini klein schneiden, Basilikum waschen und Blätter abzupfen (ca. 20 Stück). Basilikum klein schneiden.
4. Öl in einen Topf geben, Gemüse, Basilikum und Nudeln dazugeben und kurz schwenken. Die Tomaten aufgießen (die Nudeln sollten gerade bedeckt sein). Immer wieder umrühren.
5. Alles gut verrühren und bei mittlerer Hitze ca. 15 Minuten köcheln lassen, dann die Nudeln überprüfen, ob sie gar sind. Mit Salz, Pfeffer und bei Bedarf mit Chili würzen.
6. Falls die Pasta zu trocken ist einfach noch ein wenig Wasser dazugeben.
7. Das Gericht ist fertig, wenn die Nudeln weich und gut mit Sauce überzogen sind.

Tipp: Zur Verfeinerung kann man noch Mozzarella Kugeln oder geriebenen Käse über die Pasta geben.

Seemann Fischstäbchen Teller

KH 175 g | Eiweiß 67 g | Fett 77 g

Zubereitungszeit: ca. 1 Stunde
Portionen: 2
Schwierigkeit: normal

Zutaten:
- 400 g Kartoffeln, festkochende
- 3 Strauch Tomaten
- 1 EL Tomatenketchup, zuckerfrei
- Meersalz und schwarzer Pfeffer
- 50 ml Gemüsebrühe
- ½ TL mittel scharfer Senf, zuckerfrei
- 25 ml weißer Balsamico Essig
- ½ Prise Kokosblütenzucker
- 3 EL Öl
- 300 g helles festes Fischfilet, z. B. Seelachsfilet oder Rotbarsch
- 50 g Cornflakes, ungesüßt
- 1 Ei (Größe M)
- 1 EL Vollkornmehl
- Schnittlauch, nach Geschmack
- Bio Zitrone

Zubereitung:

1. Kartoffeln gründlich waschen und in Salzwasser garen.
2. Tomaten waschen, Grün entfernen, vierteln und Kerne herausschneiden. Das Fruchtfleisch in Stücke schneiden, mit Ketchup vermengen und mit Salz und Pfeffer würzen.
3. Kartoffeln abgießen, abkühlen lassen und dann pellen.
4. Wenn die Kartoffeln kalt sind, in Scheiben schneiden.
5. Brühe mit Senf und etwas Essig aufkochen und mit Salz und Pfeffer abschmecken. Öl unter die Brühe schlagen und anschließend das warme Dressing über die Kartoffel Scheiben gießen.
6. Die Kartoffeln kühl stellen und mindestens 1 Stunde ziehen lassen, dabei immer wieder vorsichtig mischen.
7. Fisch waschen, trocknen und in breite Streifen schneiden.
8. Eier auf einen Teller aufschlagen und mit einer Gabel mischen. Cornflakes zerkleinern und auf einen Teller geben.

9. Einen dritten Teller mit etwas Mehl vorbereiten. Fisch in Mehl, dann in Ei und zuletzt in den Cornflakes wenden.
10. Öl in eine beschichtete Pfanne geben und die Fischstäbchen darin von allen Seiten braun braten (dauert ca. 3 – 5 Minuten).
11. Schnittlauch in Röllchen schneiden, unter den Salat mischen und den Salat noch einmal nachwürzen.
12. Zitrone waschen, in Scheiben schneiden.
13. Die Fischstäbchen mit Zitronen Scheiben, der Tomatensalsa und dem Kartoffelsalat anrichten und mit Tomaten garnieren.

Buchstaben Nudelsuppe mit Würstchen

KH 49 g | Eiweiß 31 g | Fett 32 g

Zubereitungszeit: ca. 45 Minuten
Portionen: 2
Schwierigkeit: normal

Zutaten:
- 1 Ei (Größe M)
- 1 EL Milch
- Meersalz und schwarzer Pfeffer
- geriebene Muskat, gemahlen
- 100 g Bio-Karotten
- 400 g Bio-Kohlrabi
- ½ rote Zwiebel
- 1 EL Öl
- ½ l Gemüsebrühe
- 75 g TK junge Erbsen
- 2 Mini Wiener Würstchen
- 50 g Buchstaben-Vollkorn Nudeln
- Petersilie
- Gefrierbeutel (½ -1 l Inhalt)
- Küchengarn

Zubereitung:

1. Milch und Ei verquirlen, mit Meersalz, Muskat und Pfeffer würzen
2. Die Masse in einen Gefrierbeutel füllen und gut verschließen.
3. Wasser in einen Topf (ca. 3 cm Wasserstand) aufkochen, Gefrierbeutel hineingeben.
4. Bei geringer Hitze ca. 15 Minuten stocken lassen.
5. Karotten waschen, putzen und in Scheiben schneiden. Kohlrabi schälen, waschen und in Würfel schneiden, Zwiebel abziehen und fein würfeln.
6. In einem Topf Öl erhitzen und die Zwiebeln darin glasig anbraten, mit Gemüsebrühe aufgießen. Karotten und Kohlrabi hin die Brühe geben und bissfest (ca. 8 Minuten) garen.
7. Erbsen hinzufügen und noch einmal kurz aufkochen.
8. Die Würstchen in die Suppe geben und warm werden lassen.
9. In der Zwischenzeit Nudeln nach Packungsanleitung kochen.

10. Nudeln abgießen und kurz mit kaltem Wasser abspülen, ablaufen lassen.
11. Eierstich aus dem Topf mit einer Schaumkelle heben und auskühlen lassen. Beutel vorsichtig öffnen, Eierstich herausnehmen und in Würfel schneiden.
12. Eierstich in die Suppe geben. Petersilie waschen und hacken.
13. Petersilie in die Suppe geben mit Salz und Pfeffer abschmecken
14. Nudeln hinzufügen und auf Tellern anrichten.

Bunte Ofen Gnocchi

KH 145 g | Eiweiß 40 g | Fett 44 g

Zubereitungszeit: ca. 45 Minuten
Portionen: 2
Schwierigkeit: einfach

Zutaten:
- 2 kleine rote Zwiebeln
- 1 Knoblauchzehe
- 1 Paprikaschote (z. B. gelb und rot)
- 1½ Zweige Rosmarin
- 125 g Bio Kirschtomaten
- 400 g Gnocchi, küchenfertig
- 1½ EL Olivenöl
- Meersalz und schwarzer Pfeffer
- 75 g Mozzarella, gerieben

Zubereitung:

1. Backofen auf 200 Grad (Umluft) vorheizen.
2. Zwiebeln abziehen und in Ringe schneiden. Knoblauch abziehen und sehr fein hacken.
3. Paprika waschen, halbieren, Kerne und Grün entfernen.
4. Rosmarin waschen, trocknen und die Nadeln abzupfen.
5. Tomaten waschen (bis auf 6 Tomaten) waschen und halbieren.
6. Eine Auflaufform etwas einfetten, Gnocchi, Knoblauch, Rosmarin, Zwiebeln, Tomaten und Paprika. Öl darüber träufeln mit Salz und Pfeffer würzen. Die Übergebliebenen Tomaten auf den Auflauf legen.
7. Im Backofen ca. 15 Minuten backen, zwischendurch wenden, dann mit Käse bestreuen und noch einmal ca. 15 Minuten backen.

Mini Pizza

KH 65 g | Eiweiß 35 g | Fett 28 g

Zubereitungszeit: ca. 45 Minuten
Portionen: 2 Stück
Schwierigkeit: einfach

Zutaten:
- 20 g getrocknete Tomaten in Öl
- ½ Zwiebel, rot
- 1 EL grüne, entsteinte Oliven
- 1 TL Olivenöl
- 80 g Hackfleisch, gemischt
- Meersalz und schwarzer Pfeffer
- ⅓ Packungen (à 400 g) Frischer Blech-Pizzateig; Backfertig auf Backpapier rechteckig ausgerollt (37 x 35 cm)
- 60 g Tomatensoße mit Kräutern
- 30 g Schafskäse
- Petersilie oder Schnittlauch
- Backpapier

Zubereitung:

1. Backofen auf 200 Grad (Umluft) vorheizen. Tomaten abtropfen lassen, Zwiebel abziehen, klein schneiden.
2. Tomaten in Streifen schneiden, Oliven halbieren.
3. In einer Pfanne Öl erhitzen, Hackfleisch darin gut anbraten.
4. Die Oliven, Tomaten und Zwiebeln dazugeben und mitbraten (ca. 3 Minuten), mit Meersalz und Pfeffer würzen und bei Seite stellen.
5. Pizzateig in 4 gleichgroße Stücke zerteilen und auf ein mit Backpapier ausgelegten Blech geben.
6. 2 – 3 EL Tomatensauce auf jedes Stück geben und anschließend die Hackfleisch-Masse darauf verteilen.
7. Zuletzt den Käse auf die Pizza-Stücke verteilen.
8. Die Pizza-Stücke im Backofen ca. 12 Minuten goldbraun backen.
9. Petersilie oder Schnittlauch waschen, trocknen und schneiden.
10. Pizza aus dem Ofen nehmen und mit der Petersilie garnieren.

Süße Spätzle

KH 166 g | Eiweiß 26 g | Fett 13 g

Zubereitungszeit: ca. 25 Minuten
Portionen: 2
Schwierigkeit: einfach

Zutaten:
- 1 Packung (à 400 g) frische Spätzle
- 1 Bio-Apfel
- 50 g + 1 EL Kokosblütenzucker
- Saft von 1 Zitrone
- Minze, nach Belieben
- ½ TL Zimt gemahlen

Zubereitung:

1. Spätzle nach Packungsanleitung zubereiten, dann abgießen.
2. Apfel waschen, Kerngehäuse entfernen und in Spalten schneiden.
3. Kokosblütenzucker in eine Pfanne geben und karamellisieren lassen.
4. Apfel-Spalten dazugeben und kurz braten, dann die Spätzle dazugeben.
5. Zitrone halbieren, auspressen. Mit dem Zitronensaft die Spätzle ablöschen und weiter (ca. 4 Minuten) braten.
6. Minze waschen, trocknen (ein paar Blätter bei Seite stellen).
7. Zimt und Rest Zucker mischen, Spätzle anrichten und mit Zimt-Zucker-Mischung bestreuen.
8. Die Minze darauf verteilen und servieren.

Pasta grün-rot mit Hähnchen-Filet

KH 112 g | Eiweiß 92 g | Fett 46 g

Zubereitungszeit: ca. 30 Minuten
Portionen: 2
Schwierigkeit: normal

Zutaten:
- 1 Hähnchenbrust
- 6 kleine Bio Tomaten
- 2 EL Semmelbrösel
- 1 EL Butter
- 125 ml Milch
- 125 ml Sahne
- 1 EL Saucen Binder, hell, oder Kartoffelmehl
- 1 EL Parmesan, gerieben
- Meersalz und schwarzes Pfeffern
- Muskat, optional
- 150 g Blattspinat, TK, aufgetaut und ausgedrückt
- 200 g Nudeln, Sorte nach Belieben
- 1 EL Olivenöl
- Xylit, bei Bedarf

Zubereitung:

1. Hähnchenbrust in mundgerechte Stücke schneiden. Öl in einer Pfanne erhitzen und die Hähnchenbrust darin braten. Kurz vor Ende die Tomaten (halbiert) dazugeben.
2. In einer weiteren Pfanne Butter erwärmen und Semmelbrösel darin goldbraun anbraten.
3. Die Milch zusammen mit der Sahne aufkochen, Soßenbinder einrühren aufkochen und mit Meersalz und Pfeffer abschmecken.
4. Parmesan dazugeben, umrühren. Den Spinat etwas zerkleinern, zur Sauce geben und erwärmen, wer will, gibt noch etwas Muskat dazu.
5. Nudeln nach Packungsanleitung kochen und zur Sauce geben.
6. Zum Schluss die Hähnchenbrust mit den Tomaten unter die Sauce geben und noch einmal kurz erwärmen.

Kürbissuppe für Kids

KH 64 g | Eiweiß 15 g | Fett 57 g

Zubereitungszeit: ca. 20 Minuten
Portionen: 2 (für Kinder)
Schwierigkeit: einfach

Zutaten:
- 400 g Hokkaido Kürbis
- 1 große Zwiebel, rot
- etwas Butter oder Öl
- ¾ Liter Gemüsebrühe
- 100 ml Sahne
- 100 g Schmand
- Meersalz und schwarzer Pfeffer
- Kurkuma, nach Belieben
- Petersilie

Zubereitung:

1. Den Hokkaido Kürbis waschen, halbieren, Kerne entfernen und in mundgerechte Stücke schneiden.
2. Zwiebel abziehen, klein schneiden, Pfanne mit etwas Öl erhitzen und die Zwiebel darin glasig anbraten.
3. Kürbis und Gemüsebrühe dazugeben und bei mittlerer Hitze (20 Minuten) köcheln lassen. Mit Salz, Pfeffer und Gewürzen würzen.
4. Die Milch und den Schmand dazugeben, umrühren und nur noch erwärmen, nicht mehr kochen.
5. Petersilie waschen, trocknen und hacken.
6. Kürbissuppe pürieren auf Teller geben und mit der Petersilie garnieren.

Hinweis: Die Suppe reicht für 2 Kinder, Erwachsene können noch eine Scheibe Brot dazu essen oder einfach mehr Kürbis nehmen.

Tipp: Bei dem Zugeben der Gemüsebrühe erst die Hälfte nehmen und wenn die Suppe fast fertig ist verdünnen, bis die gewünschte Konsistenz erreicht ist.

Hähnchen Auflauf „Toskana"

KH 101 g | Eiweiß 72 g | Fett 25 g

Zubereitungszeit: ca. 140 Minuten
Portionen: 2
Schwierigkeit: normal

Zutaten:
Für die Marinade:
- 1 ½ EL Olivenöl
- 1 ½ EL Sojasoße
- ½ TL Preiselbeeren, aus dem Glas, zuckerfrei
- 1 ½ EL Ketchup, zuckerfrei
- ¼ EL Xylit
- 1 ½ EL Chilisauce, zuckerfrei

Für den Auflauf:
- 250 g Hähnchenbrust
- ½ große Zwiebel, rot
- 1 ½ Bio-Tomaten
- ½ Zweig Thymian
- Olivenöl zum Braten
- 400 g kleine Kartoffeln
- 1 Knoblauchzehe
- 1 ½ Zweige Rosmarin
- 120 ml Hühnerbrühe

Zubereitung:

1. Olivenöl, Xylit, Sojasoße, Chilisauce, Preiselbeeren und Ketchup zu einer Marinade vermischen.
2. Hähnchenbrust in mundgerechte Stücke schneiden und mit der Marinade vermischen. (mindestens 1 Stunde ziehen lassen).
3. Kartoffeln schälen, halbieren und ca. 10 Minuten rundherum braten.
4. Auflaufform mit Öl ausstreichen und die Kartoffeln hineingeben.
5. Knoblauch und Zwiebel abziehen, Knoblauch fein hacken und die Zwiebel (Hälfte) in Ringe schneiden.
6. Kräuter waschen, trocknen und die Nadeln bzw. Blätter von den Stielen abzupfen.
7. Zwiebel und Knoblauch in Öl anbraten, Kräuter dazugeben und kurz mitbraten, dann über die Kartoffeln geben.
8. Das Fleisch aus der Marinade nehmen, auf die Kartoffeln geben und im Backofen ca. 15 Minuten (200 Grad) backen.
9. Anschließend die Gemüsebrühe in die Auflaufform gießen, die Tomaten und 2 weitere Rosmarinzweige darauf geben und noch einmal 30 Minuten im Backofen garen.

Lustige Pizza Spieße

KH 151 g | Eiweiß 76 g | Fett 69 g

Zubereitungszeit: ca. 25 Minuten
Portionen: 2
Schwierigkeit: normal

Zutaten:
- ½ Paket Pizzateig
- Salami, in Scheiben geschnitten, nach Belieben
- Schinken, in Scheiben geschnitten, nach Belieben
- ½ Paket Mozzarella (c. a. 60-70 g)
- Bratwurst, roh
- ½ Dose Sauce (Pizza Sauce oder Tomatensauce)
- Parmesan, frisch gerieben

Zubereitung:

1. Backofen auf 200 Grad (Umluft) vorheizen.
2. Pizzateig in Streifen schneiden (Größe ca. 2 -3 cm)
3. Salami- und Schinkenscheiben ebenfalls in Streifen schneiden.
4. Mozzarella in Würfel zerteilen und aus der rohen Bratwurst kleine Kugeln formen.
5. Auf lange Holzspieße werden abwechselnd nun alle Zutaten aufgespießt.
6. Anschließend die Pizza Spieße mit Tomatensauce bepinseln und mit dem frisch geriebenen Parmesan bestreuen.
7. Zuletzt die Pizzateig Streifen um die Spieße wickeln.
8. Die obere Seite wird dann nochmals mit Tomatensauce bestrichen und mit Parmesan bestreut.
9. Nun die Spieße in den Backofen schieben und solange backen bis sie knusprig sind.

TIPP: Wer nicht so viel Wurst mag, kann auch ein Teil durch Gemüse ersetzen.

Ratatouille de Junior

KH 41 g | Eiweiß 14 g | Fett 21 g

Zubereitungszeit: ca. 70 Minuten
Portionen: 2
Schwierigkeit: einfach

Zutaten:
- ½ kleine Aubergine
- 250 g Zucchini
- 1 rote Zwiebel
- ½ rote Paprika
- ½ gelbe Paprika
- etwas Olivenöl
- ½ Dose geschälte Tomaten, gehackt
- 1 Tomatenmark, konzentriert
- 2 Knoblauchzehen
- Gemüsebrühe, nach Bedarf
- ½ EL Kokosblütenzucker
- Meersalz und schwarzer Pfeffer
- 1 TL Kräuter der Provence oder wahlweise Oregano, Rosmarin, Thymian

Zubereitung:

1. Aubergine, Zucchini und Paprika waschen, putzen und in Stücke schneiden.
2. Zwiebel und Knoblauch abziehen, Zwiebel klein schneiden und Knoblauch hacken.
3. Öl in einer Pfanne erhitzen, Zwiebeln und Knoblauch glasig anbraten.
4. Gemüse dazugeben kurz mitbraten und anschließend die Dose Tomaten und das Tomatenmark dazugeben.
5. Etwas Gemüsebrühe aufgießen und zugedeckt bei mittlerer Hitze ca. 40 Minuten köcheln lassen. Hin und wieder umrühren.
6. Kurz vor Ende der Garzeit die Kräuter der Provence und den Zucker dazugeben. Das Ratatouille mit Salz und Pfeffer abschmecken und genießen.

Frischer Gurken-Apfel-Salat

KH 35 g | Eiweiß 4 g | Fett 16 g

Zubereitungszeit: ca. 15 Minuten
Portionen: 2
Schwierigkeit: normal

Zutaten:
- ¼ Bio Gurke
- ½ Bio Apfel
- ¼ Dose Mais
- 1 ½ Bio-Karotten
- ½ EL Essig
- 1 EL Öl
- ½ Msp zuckerfreier Senf
- Meersalz und schwarzer Pfeffer
- ¼ Zitrone
- Xylit, bei Bedarf

Zubereitung:

1. Gurke, Apfel und Karotten waschen. Gurke und Apfel klein schneiden.
2. Karotten schälen und raspeln, alles zusammen in eine Schüssel geben.
3. Mais abgießen und dazugeben.
4. Anschließend Essig, Senf, Salz und Pfeffer gut verrühren. Danach das Öl einrühren, mit etwas Zitronensaft abschmecken und das Dressing zum Salat geben.

TIPP: Dazu passen Fischstäbchen oder Vollkorntoast.

Nudelsalat Disneyland

KH 43 g | Eiweiß 31 g | Fett 79 g

Zubereitungszeit: ca. 25 Minuten
Portionen: 2
Schwierigkeit: normal

Zutaten:
- 75 g Vollkorn Nudeln (Muschelnudeln)
- 50 g Maiskörner
- 75 g Bio Salatgurke
- ½ Paprika, gelb
- 1 ½ Gewürzgurken
- ½ Bund Petersilie
- 75 g Fleischwurst
- 50 g Käse (junger Gouda)
- 1 EL Essig (Kräuteressig)
- ½ TL Zitronensaft
- 2 EL Sonnenblumenöl
- 50 g Joghurt
- 50 g Crème fraîche
- 1 EL zuckerfreier Tomatenketchup
- Meersalz und schwarzer Pfeffer

Zubereitung:

1. Die Vollkorn Nudeln nach Anleitung bissfest garen.
2. Den Mais in ein Sieb zum Abtropfen geben.
3. Gurke und Paprika waschen. Die Gurke in Würfel schneiden.
4. Die Paprika halbieren, entkernen und ebenfalls in Würfel schneiden.
5. Gewürzgurke klein schneiden. Alles in eine Schüssel geben.
6. Die Petersilie waschen, trocknen und hacken.
7. Anschließend den Käse und die Fleischwurst in Streifen schneiden und zum Salat geben.
8. Zum Schluss aus Essig, Zitronensaft, Öl, Joghurt, Crème fraîche und Ketchup ein Dressing bereiten und mit Salz und Pfeffer abschmecken.
9. Alle Zutaten mit dem Dressing vermischen, etwa 15 min. ziehen lassen und servieren.

Fischpfanne Nemo

KH 31 g | Eiweiß 57 g | Fett 16 g

Zubereitungszeit: ca. 30 Minuten
Portionen: 2
Schwierigkeit: normal

Zutaten:
- 250 g Kabeljaufilet
- 150 g Kartoffeln
- 50 ml Sahne
- ¼ rote Zwiebel
- Butter zum Braten
- Rosmarin, gemahlen
- Meersalz und schwarzer Pfeffer
- Basilikum, nach Belieben

Zubereitung:

1. Kartoffeln schälen, vierteln und in Salzwasser garen.
2. In der Zwischenzeit den Fisch sorgfältig auf Gräten überprüfen. Dazu über die Innenseite des Fischfilets streichen und eventuell noch vorhandene Gräten mit einer Pinzette entfernen. Da das Gericht für Kinder ist, sehr genau arbeiten.
3. Anschließend das Filet in mundgerechte Stücke zerteilen und leicht salzen.
4. Die Zwiebel abziehen, halbieren und eine Hälfte sehr fein hacken.
5. In einer großen Pfanne die Butter erwärmen und die Zwiebeln darin glasig anschwitzen, Hitze reduzieren, das Fischfilet hineingeben und kurz garen.
6. Die Sahne.in die Pfanne geben und das Ganze mit Salz, Pfeffer und Rosmarin abschmecken.
7. Zum Schluss die abgegossenen Kartoffeln dazugeben, kurz ziehen lassen.
8. Auf Tellern anrichten und mit dem Basilikum garnieren.

TIPP: Ideal passt ein frischer Salat dazu.

Fetzige Bandnudeln mit Schinken

KH 268 g | Eiweiß 93 g | Fett 32 g

Zubereitungszeit: ca. 20 Minuten
Portionen: 2
Schwierigkeit: einfach

Zutaten:
- 400 g Vollkorn Bandnudeln
- 6 Scheiben Kochschinken
- 2 rote Zwiebeln
- etwas zuckerfreien Ketchup zum Garnieren
- Meersalz und weißer Pfeffer
- Öl zum Braten

Zubereitung:

1. Die Nudeln nach Packungsanleitung in Salzwasser garen.
2. Den Schinken in Stücke oder Streifen schneiden.
3. Zwiebeln abziehen und in kleine Würfel schneiden
4. Öl in einer Pfanne erwärmen und die Zwiebel darin glasig anbraten.
5. Schinken und Nudeln dazugeben und mitbraten.
6. Zum Schluss mit Salz und Pfeffer abschmecken.
7. Auf Tellern anrichten und mit Ketchup garnieren.

TIPP: Dazu passt ein frischer Salat. Wer keinen Schinken mag, kann etwas Käse über die Nudeln geben.

Hack-Gemüse-Auflauf

KH 23 g | Eiweiß 69 g | Fett 71 g

Zubereitungszeit: ca. 40 Minuten
Portionen: 2
Schwierigkeit: einfach

Zutaten:
- 1 Stange Bio Lauch
- ½ rote Paprika, Bio
- ¼ Bio Kohlrabi
- 250 g Rinder-Hackfleisch
- Meersalz und schwarzer Pfeffer
- Butter, nach Bedarf
- Kräutersalz
- ¼ Becher Schmand oder Crème fraîche
- ½ Becher Schmelzkäse
- 150 ml Hühnerbrühe
- 25 g Käse, gerieben

Zubereitung:

1. Lauch, Paprika und Kohlrabe waschen, putzen und in mundgerechte Stücke schneiden.
2. Auflaufform mit Butter ausstreichen, dann die Hälfte der Paprika, Kohlrabi und Lauch hineingeben.
3. In einer Pfanne mit wenig Öl das Hackfleisch anbraten bis es braun ist und auf das Gemüse in die Form geben. Das restliche Gemüse darauf verteilen.
4. In einem Gefäß die Hühnerbrühe mit dem Schmelzkäse und Schmand verrühren, mit Gewürzen abschmecken.
5. Die Flüssigkeit über den Auflauf geben und ganz zum Schluss den geriebenen Käse gleichmäßig verteilen.
6. Ca. 30 Minuten bei 180 Grad Umluft backen.

Tipp: Kartoffelstampf passt optimal dazu.

Mr. Wu's deftige Nudelpfanne

KH 122 g | Eiweiß 40 g | Fett 66 g

Zubereitungszeit: ca. 25 Minuten
Portionen: 2
Schwierigkeit: normal

Zutaten:

- 1 ½ Platten Mie-Nudeln
- 1 Frühlingszwiebel
- Petersilie, gehackt
- 2 ½ EL Sojasoße
- 2 EL Sesamöl
- Zum Würzen:
- Meersalz und schwarzer Pfeffer
- Knoblauchpulver
- Ingwer, gemahlen
- Curry oder Kurkuma
- Chilipulver, nach Belieben
- Brokkoli Röschen, nach Belieben, frisch oder TK
- ½ gelbe Paprika
- 130 g Fleischwurst
- 15 ml Wasser

Zubereitung:

1. Die Nudeln nach Packungsanleitung zubereiten.
2. Paprika, Brokkoli und Frühlingszwiebel waschen, Paprika in mundgerechte Stücke schneiden, Brokkoli in Stücke zerteilen und die Frühlingszwiebel in kleine Röllchen schneiden.
3. Danach die Wurst in Würfel schneiden.
4. In einer Pfanne Öl erhitzen und die Fleischwurst darin braten. Danach aus der Pfanne nehmen.
5. Jetzt das gesamte Gemüse in die Pfanne geben und anbraten. Anschließend mit etwas Wasser ablöschen und bei niedriger Hitze bissfest garen.
6. Im Anschluss die Sojasoße, Pfeffer, Salz und die anderen Gewürze dazugeben, kurz abschmecken.
7. Wenn die Flüssigkeit verdampft ist die Nudeln dazugeben und noch einmal kurz braten.
8. Die Wurst dazugeben, unterheben und bei Bedarf die Nudelpfanne nachwürzen.

9. In der Zwischenzeit die Petersilie waschen, trocknen und hacken.
10. Die Nudeln anrichten und mit Petersilie bestreuen.

Big Mac Salatfest

KH 21 g | Eiweiß 155 g | Fett 235 g

Zubereitungszeit: ca. 45 Minuten
Portionen: 2
Schwierigkeit: normal

Zutaten:
- 400 g Eisberg Salat
- 40 g rote Zwiebel
- 250 g Käse, z. B. Gouda, mittelalt
- Meersalz und schwarzer Pfeffer
- 160 g zuckerfreie Mayonnaise
- 25 g zuckerfreier Ketchup
- 15 ml Gurkenflüssigkeit
- 400 g Rinder-Hackfleisch
- 125 g Bacon
- 65 ml Wasser
- 15 g zuckerfreier Senf
- 25 g zuckerfreier Ketchup
- 120 g Gewürzgurken, zuckerfrei
- 1 TL Limetten- oder Zitronensaft

Zubereitung:

1. Den Bacon in einer Pfanne knusprig braten, abtropfen lassen.
2. Die Zwiebel in Würfel schneiden und im Fett vom Schinken anbraten. Das Hackfleisch zugeben und krümelig braten. Mit Pfeffer und Meersalz würzen.
3. Käse in Stifte schneiden. Die Hälfte der Käse-Stifte auf dem Hackfleisch verteilen. Einen Deckel auf die Pfanne geben und den Käse bei geringer Hitze einige Minuten schmelzen lassen.
4. In der Zwischenzeit die Gewürzgurken in kleine Würfel schneiden.
5. Aus Mayonnaise, Ketchup, Senf, Wasser und etwas Gurkenbrühe ein Dressing bereiten. Das Dressing bei Bedarf mit etwas Xylit abschmecken.
6. Eisberg Salat putzen, waschen und trocken schleudern. Anschließend in Streifen schneiden.
7. Den Rest vom Käse zum Eisberg Salat geben und mit dem Dressing gut mischen.
8. Die Hälfte des Salates auf Tellern verteilen und das noch warme Hackfleisch darauf anrichten.
9. Anschließend den Rest des Salates auf das Hackfleisch geben und mit dem Knusprigen Bacon garnieren.

Hinweis: Der Salat sollte sofort serviert werden. Lauwarm schmeckt er am besten. Bei Bedarf kann eine Prise Xylith hinzugefügt werden.

Big Mac on the roll

KH 43 g | Eiweiß 144 g | Fett 100 g

Zubereitungszeit: ca. 35 Minuten
Portionen: 2
Schwierigkeit: normal

Zutaten:
Für den Teig:
- 250 g Magerquark
- 100 g Käse, gerieben
- 3 Eier

Für die Sauce:
- 2 TL zuckerfreier Ketchup
- 1 TL zuckerfreier Senf
- 2 EL Naturjogurt
- 250 g Hackfleisch
- Meersalz und schwarzer Pfeffer
- 3 Scheiben Schmelzkäse
- 3 saure Gurken, zuckerfrei
- Eisbergsalat
- Tomate, nach Belieben

Zubereitung:

1. Eier, Käse und Quark zu einer dickflüssigen Masse verarbeiten.
2. Die Masse auf ein Backblech geben und glatt streichen und im Backofen ca. 20 Minuten backen, anschließend auskühlen lassen.
3. Ketchup Senf und Quark zu einer Sauce verarbeiten, mit Salz und Pfeffer abschmecken.
4. In einer Pfanne mit wenig Öl Hackfleisch anbraten. Die Gurken in Scheiben schneiden und zum Hackfleisch geben.
5. 2/3 der Sauce auf den Teig verteilen. Das warme Hackfleisch auf dem Teig verteilen, den Käse darauflegen und schmelzen lassen.
6. Anschließend den Salat und die Tomaten darauflegen und die restliche Sauce verteilen.
7. Den Teig mithilfe des Backpapiers einrollen.
8. Hinweis: Das Ganze sollte aussehen wie eine Biskuit-Rolle.

Kinderauflauf Junior Style

KH 55 g | Eiweiß 56 g | Fett 63 g

Zubereitungszeit: ca. 30 Minuten
Portionen: 2
Schwierigkeit: einfach

Zutaten:
- 8 Fischstäbchen, angetaut
- ½ Pkt. Chips (Chipsletten aus Püree Teig, nicht aus Kartoffelscheiben)
- ½ Handvoll Mandelblättchen
- 1 Ei
- 2 EL Käse, z. B. Gouda, gerieben
- Meersalz und schwarzer Pfeffer

Zubereitung:

1. Den Ofen auf 160 Grad vorheizen.
2. Ei mit Salz und Pfeffer verrühren. Mandelblättchen auf einen Teller geben und die Fischstäbchen erst in Ei dann in den Mandelblättchen wälzen.
3. Öl erhitzen und die Fischstäbchen rundherum anbraten. Achtung: Die Fischstäbchen werden schnell schwarz.
4. Die Chipsletten in eine Auflaufform legen (Form damit auslegen).
5. Die Fischstäbchen auf die Chipsletten verteilen und anschließend den Käse darüber streuen.
6. Im Backofen auf die mittlere Schiene stellen und anschließend ca. 20 Minuten backen.
7. Solange backen bis die Fischstäbchen durch sind.

Tipp: Dazu Remoulade, milde Currysauce (zuckerfrei) und Ketchup (zuckerfrei) reichen.

Hähnchen-Geschnetzeltes à la Texas

KH 51 g | Eiweiß 66 g | Fett 38 g

Zubereitungszeit: ca. 20 Minuten
Portionen: 2
Schwierigkeit: normal

Zutaten:
- 250 g Hähnchenbrust
- 1 kleine Zwiebel, rot,
- Butterschmalz zum Anbraten
- Hühnerbouillon nach Geschmack
- ½ TL Erdnussbutter
- Currypulver, nach Belieben
- 85 g Schmand
- 1 EL Sojasoße
- Meersalz und schwarzer Pfeffer zum Würzen
- ½ Dose Ananasstücke

Zubereitung:

1. Hähnchenbrust in Stücke schneiden.
2. Die Zwiebel abziehen und in Würfel schneiden.
3. In einer Pfanne das Butterschmalz erhitzen, die Hähnchenbrust darin gut anbraten.
4. Die Zwiebeln dazugeben und mit braten, mit etwas Hühnerbrühe ablöschen.
5. Erdnussbutter, Curry, Sojasoße und Schmand dazugeben und gut umrühren. Mit Salz und Pfeffer abschmecken.
6. Die Ananas abgießen und die Hälfte dazugeben, umrühren und noch einmal erwärmen.

TIPP: Dazu passt Vollkorn Reis.

Knackiger Thuna-Salat

KH 40 g | Eiweiß 42 g | Fett 37 g

Zubereitungszeit: ca. 30 Minuten
Portionen: 2
Schwierigkeit: einfach

Zutaten:
- 75 g TK-Erbsen
- 1 Ei, Größe M
- ½ Kopf Eisbergsalat
- 1 Tomate
- ½ gelbe Paprika
- ½ Dose Thunfisch in Öl, 185 g Abtropfgewicht
- 85 g Salatcreme, zuckerfrei
- 75 g Vollmilchjoghurt
- 1 ½ EL Zitronensaft
- ¼ Bund Schnittlauch
- ½ Prise Kokosblütenzucker
- Meersalz und schwarzer Pfeffer
- Petersilie zum Garnieren

Zubereitung:

1. Das Ei hart kochen (ca. 10 Minuten), dann abkühlen lassen.
2. In der Zwischenzeit die TK Erbsen auftauen.
3. Eier pellen und achteln.
4. Eisbergsalat, Tomate und Paprika waschen. Die Tomate und den Eisbergsalat in Streifen schneiden.
5. Paprika halbieren, Kerne entfernen und in Würfel schneiden, alles in eine Schüssel geben.
6. Thunfisch in ein Sieb geben, abtropfen und mit einer Gabel in Stücke zupfen.
7. Salatcreme, Joghurt und Zitronensaft verrühren und mit Salz, Pfeffer und Kokosblütenzucker abschmecken und mit dem Salat mischen.
8. Schnittlauch und Petersilie waschen. Schnittlauch in feine Röllchen schneiden und unterheben.
9. Auf einer Platte mit den Eiern anrichten und mit Petersilie garnieren.

Lagerfeuer Gulaschsuppe

KH 70 g | Eiweiß 88 g | Fett 64 g

Zubereitungszeit: ca. 100 Minuten
Portionen: 2
Schwierigkeit: normal

Zutaten:
- 230 g Rindfleisch, aus der Oberschale
- 230 g Zwiebeln, rot
- 1 Knoblauchzehe
- Tomatenmark, nach Geschmack
- Paprika, scharf, nach Belieben
- ½ TL Paprika, edelsüß
- Kümmel, wer mag
- Majoran, optional
- Meersalz und schwarzer Pfeffer
- 130 g Tomaten aus der Dose, stückig
- ½ rote Bio Paprika
- ½ grüne Bio Paprika
- 1 Bio-Karotte, klein
- 170 g Kartoffeln, festkochend
- 150 ml Rinderbrühe
- 260 ml Rinder Fond
- 50 g saure Sahne
- 1 Lorbeerblatt
- Öl oder Butterschmalz zum Braten
- Petersilie

Zubereitung:

1. Zwiebeln abziehen und in Würfel und Rindfleisch in mundgerechte Stücke schneiden.
2. Kümmel hacken, Paprika waschen, putzen und klein schneiden.
3. Knoblauch abziehen und fein hacken.
4. Kartoffeln schälen, Karotte waschen, schälen und beides würfeln.
5. In einem Topf Fett oder Öl erhitzen, die Zwiebeln hineingehen und glasig anbraten.

6. Das Fleisch dazu geben, ca. 5 Minuten scharf anbraten, Tomatenmark dazugeben und kurz rösten. Gewürze hineingeben und unter Rühren auch kurz rösten (nicht anbrennen lassen).
7. Mit etwas Brühe ablöschen und fast vollständig einkochen lassen.
8. Tomaten, Fond, Brühe, Knoblauch, Karotten und Lorbeer dazugeben, umrühren.
9. Die Suppe muss bei geringer Hitze ca. 1 Stunde köcheln.
10. Anschließend die Kartoffeln dazugeben und etwas mehr (ca. 25 Minuten köcheln lassen).
11. Petersilie waschen, trocknen und hacken.
12. Zum Schluss die saure Sahne einrühren, erwärmen, aber nicht kochen.
13. Die Suppe auf Teller geben, mit der Petersilie garnieren, servieren.

Kroko Blätterteig Hackbraten

KH 131 g | Eiweiß 714 g | Fett 583 g

Zubereitungszeit: ca. 80 Minuten
Portionen: für die ganze Familie
Schwierigkeit: mittel

Zutaten:
- 2 kg Gehacktes, halb und halb
- 6 Eier
- 400 g Käse, gerieben, z. B. Gouda
- Meersalz und schwarzer Pfeffer
- 6 EL Milch
- Kräuter, mediterran
- 400 g Frischkäse, fettarm
- 2 Tuben Tomatenmark
- 2 Vollkorn-Brötchen, altbacken
- 16 Platten Blätterteig
- 2 rote Zwiebeln, gehackt

Zum Verzieren:
- Pistazien
- Gewürznelke
- Bio Karotten, geraspelt
- Vollkornmehl, für die Arbeitsfläche
- Käse, gerieben, nach Belieben
- Kräuter, mediterran

Zubereitung:

1. Das Brötchen in Wasser einweichen. Hackfleisch mit den Eiern, Tomatenmark, Frischkäse, Kräutern und Zwiebel sowie einer Handvoll Käse vermengen. Brötchen ausdrücken und unter das Hackfleisch mischen mit Meersalz und Pfeffer abschmecken.
2. Aufgetauten Blätterteig auf eine mit Vollkornmehl bestäubte Arbeitsplatte zu einem Rechteck auslegen, Ränder ein wenig übereinanderlegen. Mit dem Teig Roller ausrollen.
3. Ca. 2 EL Gehacktes abnehmen und zwei Kugeln daraus formen.
4. Das andere Gehackte, auf die eine Hälfte des Teiges verteilen, Fleisch in gewünschte Form bringen. Die beiden Kugeln als Augen aufsetzten und die andere Hälfte des Teiges darüber klappen und gut festdrücken.

5. Augen ausformen und mit Nelken verzieren. Dann einfach den Rest ausformen. Verzierungen z. B. Schuppen formen (ein Schnapsglas ist hilfreich beim Schuppen-Ausstechen) und das Krokodil nach Herzenslust verzieren.
6. Anschließend ein Ei mit etwas Milch verrühren und das fertige Krokodil damit einpinseln. Weitere Verzierungen anbringen. Mit den Pistazien und Karotten Akzente setzen.
7. Im Ofen 50 – 60 Minuten (bei 180 – 200 Grad) backen.

Hinweis: Falls der Braten gegen Ende zu braun wird, mit Backpapier oder Alufolie abdecken.

Mozzarella-Hähnchen in Basilikum-Sahne Sauce

KH 14 g | Eiweiß 97 g | Fett 51 g

Zubereitungszeit: ca. 50 Minuten
Portionen: 2
Schwierigkeit: normal

Zutaten:
- 2 Hühnerbrustfilets
- Meersalz und schwarzer Pfeffer
- ½ EL Öl
- 125 g Bio Cocktailtomaten
- Bio Basilikum, nach Belieben
- 100 g Sahne
- 50 g Schmelzkäse
- 60 g Mozzarella
- Parmesan, nach Belieben
- Kräuterbutter, nach Belieben

Zubereitung:

1. Den Backofen auf 175 Grad (Umluft) vorheizen. Pfanne mit Öl erhitzen und die Hähnchenbrustfilets darin rundherum braun anbraten.
2. Tomaten waschen, halbieren, Basilikum waschen, trocknen und die Blätter vom Stiel entfernen.
3. In einem Topf die Sahne aufkochen, Schmelzkäse dazugeben und gut verrühren, bis der Käse geschmolzen ist. Die Sauce mit Meersalz und Pfeffer würzen und den größten Teil des Basilikums einrühren.
4. Eine Auflaufform fetten, Fleisch und Tomaten hineingeben und mit der Sauce übergießen.
5. Mozzarella abtropfen lassen, in Scheiben schneiden und auf dem Fleisch verteilen.
6. Die Auflaufform in den Ofen geben und ca. 30 Minuten backen, dann herausnehmen und mit dem Rest des Basilikums bestreuen.

Tipp: Wer mag, kann noch geriebenen Parmesan darauf geben.

Rigatoni al forno

KH 157 g | Eiweiß 88 g | Fett 76 g

Zubereitungszeit: ca. 50 Minuten
Portionen: 2
Schwierigkeit: normal

Zutaten:
- ½ EL Olivenöl
- 75 g Rinderhackfleisch
- 100 ml Sahne
- ½ EL Butter, kalt
- ½ EL Parmesan, frisch gerieben
- Meersalz und schwarzer Pfeffer
- Cayennepfeffer, nach Belieben
- 200 g Rigatoni
- 75 g Kochschinken, zuckerfrei
- 100 g Käse, gerieben z. B. Edamer
- 1 ½ EL Tomatenmark
- 100 ml Gemüsebrühe

Zubereitung:

1. Rigatoni nach Packungsanleitung in reichlich Salzwasser sehr bissfest kochen, abgießen und wieder in den Topf geben.
2. In der Zwischenzeit das Olivenöl in einem Topf erwärmen, das Hackfleisch darin braten (immer wieder umrühren), bis es krümelig und braun ist.
3. Das Tomatenmark zum Hackfleisch geben und anrösten, mit der Gemüsebrühe ablöschen und zusammen mit der Sahne erneut aufkochen.
4. Anschließend den Rest Tomatenmark einrühren und das Ganze bei mittlerer Hitze ca. 30 Minuten köcheln lassen.
5. Die Butter unterrühren und mit den Gewürzen abschmecken.
6. Zum Schluss Parmesan dazugeben.
7. Den Schinken in Würfel schneiden und zusammen mit den Nudeln zugeben.
8. Backofen auf 180 Grad vorheizen.
9. Eine große oder mehrere kleine Auflaufformen fetten und die Nudel-Mischung hineingeben.
10. Den geriebenen Käse darüber verteilen und auf mittlerer Schiene solange backen, bis der Käse goldbraun ist.

Tipp: Dazu schmeckt ein frischer Salat.

Italia – Schnitzel

KH 9 g | Eiweiß g | Fett 47 g

Zubereitungszeit: ca. 45 Minuten
Portionen: 2
Schwierigkeit: normal

Zutaten:
- 2 Schweine-Schnitzel, (je ca. 120 g)
- 2 EL Pesto aus dem Glas
- 2 kleine Bio Zucchini
- ¼ Bund Basilikum, Bio
- ½ Dose Tomaten, gehackt
- 25 g Sahne
- Meersalz und schwarzer Pfeffer
- 75 g Mozzarella
- Öl, für die Form

Zubereitung:

1. Ofen auf 200° C (ober- und Unterhitze) vorheizen.
2. Schnitzel klopfen und von beiden Seiten mit Pesto einstreichen.
3. Zucchini waschen, Enden abschneiden und mit einer Reibe grob hobeln.
4. Basilikum waschen, trocknen und klein schneiden.
5. Eine Auflaufform gut einfetten, die Schnitzel hineinlegen.
6. Die Tomaten aus der Dose in eine Schüssel geben und mit den gehobelten Zucchini und Sahne verrühren, mit Salz und Pfeffer abschmecken.
7. Die Sauce über die Schnitzel geben, Mozzarella abtropfen lassen und in Scheiben schneiden.
8. Mozzarella Scheiben auf dem Fleisch verteilen und im Backofen (mittlere Schiene) ca. 30 Minuten backen. Das Fleisch sollte durch sein und der Käse goldbraun.

Tipp: Anstelle von Schweinefleisch lassen sich auch Puten oder Hähnchenfleisch verwenden.

Fischstäbchen Burger

KH 76,4 g | Eiweiß g | Fett 39 g

Zubereitungszeit: ca. 25 Minuten
Portionen: 2
Schwierigkeit: einfach

Zutaten:
- 6 Fischstäbchen
- 2 Hamburger Brötchen, zuckerfrei
- 2 TL Remoulade, zuckerfrei
- 2 TL zuckerfreier Tomatenketchup
- 1 rote Zwiebel
- 2 Blätter Salat, z. B. Eisberg
- 1 Gewürzgurke, zuckerfrei
- etwas Öl zum Braten

Zubereitung:

1. Eine Pfanne mit etwas Öl erhitzen und die Fischstäbchen darin rundherum knusprig braten.
2. In der Zwischenzeit die Brötchen halbieren und mit Remoulade und Ketchup bestreichen.
3. Die Zwiebel abziehen und in Ringe (Scheiben) schneiden, auf der unteren Hälfte der Brötchen verteilen.
4. Salatblätter drauflegen.
5. Fischstäbchen auf Küchenkrepp abtropfen lassen und anschließend auf die Brötchen geben.
6. Zuletzt die in Scheiben geschnittenen Gurken darauf verteilen.
7. Die obere Hälfte des Brötchens auf den Burger geben und servieren.

Tipp: Wenn man auf die obere Hälfte des Brötchens ebenfalls etwas Remoulade gibt und verstreicht, hält der Burger besser zusammen.

Leckere Pizzaschnecken

KH 338 g | Eiweiß 187 g | Fett 201 g

Zubereitungszeit: ca. 30 Minuten
Portionen: 2
Schwierigkeit: normal

Zutaten:
Für den Teig:
- 500 g Vollkornmehl
- 2 TL Meersalz
- 250 ml Milch, lauwarm
- 1 Würfel Hefe
- 6 EL Olivenöl

Für den Belag:
- 6 EL stückige Tomaten aus der Dose
- 200 g Schinken, zuckerfrei
- 2 rote Zwiebeln
- 2 EL Olivenöl
- 200 g Käse, geriebener
- italienische Kräuter
- Meersalz und schwarzer Pfeffer

Zubereitung:

1. Aus Vollkornmehl, Hefe, eine Prise Meersalz, Öl und etwas Milch einen Hefeteig bereiten, anschließend an einem warmen Ort(abgedeckt) gehen lassen.
2. Zwiebel abziehen und fein würfeln. Schinken ebenfalls in Würfel schneiden.
3. Wenn der Teig aufgegangen ist, ausrollen und mit der Tomatensauce bestreichen, mit Pfeffer würzen und die Kräuter darauf geben.
4. Backofen auf 200 Grad vorheizen.
5. Schinken und Zwiebeln gleichmäßig verteilen und dann den geriebenen Käse darauf streuen.
6. Zuletzt den Teig mithilfe des Backpapiers zusammenrollen und ca. 2 cm dicke Scheiben schneiden. Backpapier auf ein Backblech geben und die Schnecken darauflegen.
7. Wer Lust hat, kann noch etwas Käse darüber streuen.
8. Die Schnecken ca. 15 – 20 Minuten backen.

Tipp: Pizzaschnecken am Stil – der Spaß für den Kindergeburtstag. Dazu die Schnecken einfach auf Holzspieße aufspießen.

Beverly Hills Cheeseburger-Kuchen

KH 168 g | Eiweiß 98 g | Fett 96 g

Zubereitungszeit: ca. 60 Minuten
Portionen: 2
Schwierigkeit: normal

Zutaten:
- 250 g Vollkornmehl
- 1 TL Meersalz
- ¼ Würfel Frischhefe (21 g)
- ¼ TL Kokosblütenzucker
- 125 ml Wasser, lauwarmes
- 2 EL Sonnenblumenöl
- ½ Ei
- ½ EL Öl
- 250 g Hackfleisch, gemischt
- Meersalz und schwarzer Pfeffer
- zuckerfreier Tomatenketchup, nach Belieben
- zuckerfreier Senf, nach Belieben
- ½ rote Zwiebel
- 1 Gewürzgurke, zuckerfrei in dünne Scheiben geschnitten
- 3 Scheiben Schmelzkäse
- Wasser oder Milch
- Sesam

Zubereitung:

1. Backofen auf 200 Grad vorheizen.
2. Vollkornmehl zusammen mit Salz in eine Schüssel geben und mischen.
3. In einer kleinen Schüssel die Hefe mit etwas Zucker und lauwarmer Milch oder Wasser auflösen, zum Mehl geben (abdecken) und ca. 20 Minuten, an einem warmen Ort gehen lassen.
4. Das Öl und das Ei dazugeben und den Teig gut durchkneten.
5. Anschließend den Teig wieder abdecken und gehen lassen (bei Zimmertemperatur).
6. Pfanne mit sehr wenig Öl erhitzen und das Hackfleisch darin braun und krümelig braten, mit Salz und Pfeffer würzen.
7. Zwiebel abziehen und fein würfeln, dann in etwas Öl glasig anbraten.

8. Etwas mehr als die Hälfte des Teiges ausrollen, in eine Springform geben (Durchmesser 28 cm). Anschließend den Rand andrücken.
9. Das Hackfleisch auf den Teig geben, Senf und Ketchup verrühren und darauf verteilen. Die gebratenen Zwiebeln ebenfalls darüber verteilen.
10. Gewürzgurken in Scheiben schneiden und zusammen mit dem Schmelzkäse darauf geben.
11. Den verbliebenen Teig ausrollen, als Deckel auf das Hackfleisch legen und gut andrücken.
12. Zuletzt den Deckel mit Milch bestreichen und gleichmäßig Sesam verteilen. Bei 200 Grad im Ofen backen (ca. 20 – 25 Minuten).

Ms Bean´s Bohnen-Steak-Salat

KH 34 g | Eiweiß 80 g | Fett 48 g

Zubereitungszeit:　　ca. 90 Minuten
Portionen:　　2
Schwierigkeit:　　mittel

Zutaten:
- 50 g Bio weiße Bohnen getrocknet
- 1 Zweig Bohnenkraut
- 225 g Bio Brechbohnen tiefgefroren
- ½ Zwiebel, rot
- 2 EL Olivenöl extra nativ
- 2 EL Balsamico, hell
- 300 g Rinder Hüfte
- 2 Zweige Thymian
- 75 g Bio Cherry Roma Tomaten
- ½ Prise Cayennepfeffer
- Meersalz

Zubereitung:

1. Die weißen Bohnen in reichlich Wasser über Nacht einweichen.
2. Am nächsten Tag abgießen, in frisches Wasser geben und ca. 60 Minuten garen.
3. Brechbohnen nach Anleitung zubereiten, abgießen und kurz in Eis-Wasser geben.
4. Zwiebeln abziehen und klein schneiden. Einen Topf mit etwas Öl erhitzen und die Zwiebeln darin glasig anbraten. Mit Brühe und Essig ablöschen und bei starker Hitze einkochen lassen, anschließend abkühlen. Das Dressing bei Seite stellen.
5. Backofen auf 150 Grad Umluft vorheizen.
6. In einer Pfanne Öl erhitzen, Fleisch würzen und rundherum kräftig anbraten (jede Seite ca. 3 Minuten).
7. Das Fleisch anschließend in den Backofen geben und ca. 6 Minuten zu Ende garen. Dann aus dem Ofen holen und noch etwas ruhen lassen.
8. In der Zwischenzeit Thymian waschen, trocknen und die Blätter abziehen.
9. Tomaten waschen, halbieren. Weiße Bohnen abgießen und abspülen.

10. Weiße Bohnen, Brechbohnen, Tomaten und Thymian mit dem Dressing gut mischen.
11. Das Fleisch aufschneiden, zusammen mit dem Bohnensalat anrichten und mit etwas Thymian bestreuen.

Hinweis: Wer einen Schnellkochtopf besitzt, kann die Bohnen darin zubereiten und spart sich so das Einweichen.

Cooles Bifteki-Toast

KH 28 g | Eiweiß 31 g | Fett 42 g

Zubereitungszeit: ca. 20 Minuten
Portionen: 2
Schwierigkeit: einfach

Zutaten:
- ½ Knoblauchzehe
- 4 Bio Cocktailtomaten
- ½ rote Zwiebel
- ¼ Bio Salatgurke
- Meersalz und schwarzer Pfeffer
- 100 g Bio Rinder Hackfleisch
- 1 EL Olivenöl
- 1 EL Tomatenmark
- ½ große Süßkartoffel
- 50 g Feta
- Minze, nach Belieben

Zubereitung:

1. Knoblauch abziehen und sehr fein hacken, Tomaten waschen, halbieren.
2. Zwiebel abziehen und in feine Scheiben schneiden. Gurke waschen und auch in Scheiben schneiden. Beides in eine Schüssel geben und salzen.
3. In einer Pfanne etwas Öl erhitzen und das Hackfleisch darin braun braten. Nach ca. 5 Minuten Knoblauch, Tomaten und Tomatenmark dazugeben und kurz mit anbraten. Mit Meersalz und Pfeffer abschmecken.
4. Die Süßkartoffel in fingerdicke Scheiben schneiden und mit Öl beträufeln.
5. In den Toaster geben und auf höchster Stufe ca. toasten, bis die Scheiben leicht gebräunt sind.
6. Hackfleisch auf den Süßkartoffel-Scheiben verteilen und mit Gurke, Zwiebeln und Feta belegen.
7. Minze waschen, Blätter abzupfen, hacken und garnieren.

Römischer Salat mit gebratenem Lachs

KH 22 g | Eiweiß 50 g | Fett 79 g

Zubereitungszeit: ca. 35 Minuten
Portionen: 2
Schwierigkeit: einfach

Zutaten:
- 2 Römer Salat Herzen
- 2 Bio Tomaten
- ½ rote Zwiebel
- 2 EL Balsamico, hell
- 3 EL Olivenöl
- Meersalz und schwarzer Pfeffer
- 200 g Lachsfilet (ohne Haut)
- ½ EL neutrales Öl
- ½ Bund Schnittlauch

Zubereitung:

1. Römer Salat waschen, halbieren. Tomaten waschen, vierteln und in kleine Würfel schneiden (wer mag, Kerne entfernen).
2. Die Zwiebel abziehen, würfeln und mit Balsamico, Olivenöl und Tomatenwürfeln in einer Schüssel geben und vermischen. Das Dressing mit Meersalz und Pfeffer würzen.
3. Den Lachs in mundgerechte Stücke zerteilen und in einer Pfanne mit Öl für 90 Sekunden von jeder Seite braten. Mit Meersalz und Pfeffer würzen.
4. Salat mit der Schnittfläche nach oben anrichten. Den Lachs darauflegen und alles mit Dressing beträufeln.
5. Schnittlauch waschen, trocknen und in Röllchen schneiden und über den Salat streuen.

Tipp: Der Lachs sollte glasig bleiben, sonst besteht die Gefahr, dass er trocken wird.

Wer möchte, kann auch die Salatherzen etwas anbraten.

Gefüllte Paprika Pizza Style

KH 38 g | Eiweiß 30 g | Fett 28 g

Zubereitungszeit: ca. 20 Minuten
Portionen: 2
Schwierigkeit: einfach

Zutaten:
- 35 g Tomatenmark
- 25 ml Wasser
- ¼ TL Oregano, getrocknet
- ¼ TL Basilikum, getrocknet
- Meersalz und schwarzer Pfeffer
- etwas Xylit
- 1 gelbe Bio Paprika
- 1 rote Bio Paprika
- 1 grüne Bio Paprika
- 50 g kleine Bio Rispentomaten
- 50 g Mais aus der Dose
- ½ kleine Zwiebel
- 50 g Mozzarella, gerieben
- 50 g Cheddar, gerieben
- Basilikum, nach Belieben
- Pfeffer, frisch gemahlen

Zubereitung:

1. Backofen auf 180 Grad Ober- und Unterhitze vorheizen.
2. Tomatenmark zusammen mit Wasser in eine kleine Schüssel geben, gut verrühren und mit Meersalz, Pfeffer, Oregano und Basilikum glatt rühren. Mit etwas Xylit abschmecken.
3. Paprika und Tomaten waschen. Paprika längs dritteln, Kerne und Stiel entfernen. Tomaten in Scheiben schneiden.
4. Mais zum Abgießen in ein Sieb geben.
5. Zwiebel abziehen und in Ringe schneiden.
6. Paprika mit der Tomatensauce bestreichen und mit Käse bestreuen. Mit Tomaten, Zwiebeln und Mais belegen.
7. Backblech mit Backpapier belegen und die Stücke darauf verteilen, ca. 10 Minuten backen.

Zoodeles mit Zitronen-Hähnchen Sauce

KH 22 g | Eiweiß 32 g | Fett 32 g

Zubereitungszeit: ca. 30 Minuten
Portionen: 2
Schwierigkeit: einfach

Zutaten:
- ½ Knoblauchzehe
- 160 g Hähnchenfilet
- ½ EL Olivenöl
- ½ Bio-Zitrone
- 125 g Ricotta
- 50 ml Gemüsebrühe
- Meersalz und schwarzer Pfeffer
- Curry, nach Belieben
- 2 Bio Zucchini
- ¼ Bund Petersilie

Zubereitung:

1. Knoblauch abziehen und fein hacken. Hähnchen abspülen, trocknen und in Streifen oder Würfel schneiden.
2. In einer Pfanne Öl erhitzen, Fleisch darin rundherum braun braten. Mit Meersalz, Pfeffer und Curry würzen.
3. Mit Brühe ablöschen und Ricotta einrühren. Zitrone gründlich waschen, trocknen und mit einer Reibe Zitronenabrieb herstellen.
4. Die Sauce mit Meersalz, Pfeffer und Zitronenabrieb würzen.
5. Dann bei niedriger Hitze ca. 10 Minuten köcheln lassen.
6. Die Zucchini abwaschen, trocknen und mit einem Spiralschneider Zoodeles schneiden.
7. Die Zoodeles entweder in der Pfanne in etwas Olivenöl kurz schwenken oder kalt verwenden.
8. Petersilie waschen, trocknen und hacken.
9. Die Zucchini-Nudeln auf Teller verteilen und die Sauce darauf geben, mit Petersilie bestreuen.

Stars and Stripes

KH 59 g | Eiweiß 40 g | Fett 41 g

Zubereitungszeit: ca. 20 Minuten
Portionen: 2
Schwierigkeit: einfach

Zutaten:
- 130 g Bio Karotten
- 200 g Bio Zucchini
- ½ Packung (300 g) Bio Tofu
- 1 EL Bio Olivenöl
- Meersalz und schwarzer Pfeffer
- 1 Glas (à 330 ml) Bio vegetarische Bolognese
- Basilikum, nach Belieben
- schwarzer Pfeffer, grob gemahlen

Zubereitung:

1. Karotten waschen, putzen, sehr dünn schälen und mit einem Sparschäler in dünne Streifen schneiden.
2. Zucchini putzen, waschen und ebenfalls mit dem Schäler in dünne Streifen schneiden.
3. Tofu in kleine Sterne oder Würfel schneiden.
4. In einer Pfanne Öl erhitzen. Tofu hineingeben und unter mehrmaligem Wenden ca. 5 Minuten anbraten.
5. Mit Meersalz und Pfeffer würzen, Sauce in einem Topf erwärmen, Tofu hineingeben und erhitzen.
6. Wasser mit etwas Meersalz erhitzen und die Gemüsestreifen darin ca. 2 – 3 Minuten köcheln, abgießen.
7. Basilikum waschen, trocknen, die Blätter von den Stielen zupfen und grob hacken.
8. Die Gemüsestreifen mit der Sauce auf Tellern anrichten und mit Basilikum garnieren. Wer will, kann noch grob gemahlenen Pfeffer über die Sauce geben.

Inka Kartoffel Lasagne

KH 98 g | Eiweiß 49 g | Fett 86 g

Zubereitungszeit: ca. 60 Minuten
Portionen: 2
Schwierigkeit: einfach

Zutaten:
Für das Kartoffelpüree:
- ½ kg Kartoffeln, mehlig kochend
- 2 Chilischoten, gelb
- 35 g zuckerfreie Mayonnaise
- ½ große Gemüsezwiebel, weiß
- 1 Knoblauchzehe
- 1 EL Olivenöl
- ½ Limette
- Meersalz und schwarzer Pfeffer

Für die Füllung:
- 1 Dose Thunfisch in Öl
- 10 g Mayonnaise
- ½ kleine Zwiebel, rot
- 10 Oliven, schwarz und ohne Stein
- 1 ½ Eier, hart gekocht
- 1 Avocado
- 6 Bio Kirschtomaten
- Meersalz und schwarzer Pfeffer

Zubereitung:

1. Kartoffeln schälen, würfeln, weich kochen und mit einer Kartoffelpresse (noch warm) in eine Schüssel pressen.
2. Chilischoten waschen, halbieren und Kerne entfernen, dann klein schneiden. Limette halbieren und auspressen.
3. Zwiebel und Knoblauch abziehen, Zwiebel in Würfel schneiden, Knoblauch sehr fein hacken. Tomaten waschen und klein schneiden.
4. Eier hart kochen, abschrecken, schälen und auskühlen lassen.
5. Eine Pfanne mit Öl erhitzen und beides darin glasig anbraten, mit Limettensaft, 1 EL Thunfisch Öl (aus der Dose), der Mayonnaise sowie Meersalz und Pfeffer unter die Kartoffelmasse mischen.

6. Die Hälfte davon als Bodenschicht in eine sehr dünn mit etwas Thunfisch Öl ausgestrichene feuerfeste Form geben, glatt streichen und festdrücken (Dicke ca. 1 – 2 cm).
7. Den Thunfisch abtropfen lassen, mit der Mayonnaise mischen, die Zwiebel, Tomaten und Oliven (zerkleinern) untermischen, mit Salz und Pfeffer und etwas Limettensaft abschmecken. Die Masse gleichmäßig auf das Püree streichen.
8. Die Eier in Scheiben schneiden und auf die Thunfisch-Masse legen.
9. Avocado von Schale und Kern befreien und pürieren, dann gleichmäßig darüber verteilen.
10. Danach alles mit dem restlichen Kartoffelpüree bedecken.
11. Abdecken und mindestens ½ Stunde im Kühlschrank fest werden lassen.
12. Das Püree aus der Form stürzen und nach Herzenslust garnieren.

Fröhliches Allerlei auf Reis

KH 89 g | Eiweiß 14 g | Fett 14 g

Zubereitungszeit: ca. 20 Minuten
Portionen: 2
Schwierigkeit: einfach

Zutaten:
- 60 g Vollkorn Reis
- 150 ml Hühnerbrühe
- 240 g Putenbrust
- 1 rote Zwiebel
- 3 Bio Karotten
- ½ TL Öl
- 125 g Joghurt, fettarm
- 50 ml Orangensaft, zuckerfrei
- ½ TL Stärkemehl
- ½ TL Curry
- Meersalz und schwarzer Pfeffer
- 150 g Mais aus der Dose

Zubereitung:

1. Vollkorn Reis nach Packungsanleitung kochen (anstelle von Wasser besser Hühnerbrühe verwenden).
2. Fleisch in mundgerechte Stücke schneiden.
3. Zwiebel abziehen und in Würfel schneiden, Karotten waschen, putzen und in Scheiben schneiden.
4. In einer Pfanne Öl erhitzen, Zwiebeln und Fleisch kurz anbraten, Karotten dazugeben und mitbraten, mit Hühnerbrühe ablöschen und bei mittlerer Hitze ca. 20 Minuten schmoren.
5. Stärke mit Orangensaft gut verrühren (es sollte Klumpen frei sein), dann Joghurt und Curry dazugeben und nochmals gut umrühren, die Mischung zum Gulasch geben und zügig verrühren.
6. Kurz aufkochen lassen, mit Salz und Pfeffer abschmecken.
7. Den Mais in ein Sieb geben und abtropfen lassen und mit dem Reis mischen, anschließend zum Gulasch als Beilage servieren.

Surfer Puten Salat Hawaii

KH 42 g | Eiweiß 116 g | Fett 48 g

Zubereitungszeit: ca. 20 Minuten
Portionen: 2
Schwierigkeit: einfach

Zutaten:
- 350 g Hähnchen-Brust
- ½ Kopf Eisberg Salat
- 2 Bio Tomaten
- 130 g Ananas
- ½ Bio Gurke
- Ahornsirup, nach Belieben
- Cashewnüsse, nach Belieben (ungesalzen)
- 70 g Käse, geriebener, z. B. Edamer

Für das Dressing:
- 130 g Joghurt, natur
- 1 ½ TL Tomatenmark
- 3 EL zuckerfreie Mayonnaise, fettarm
- etwas Kräuteressig
- Meersalz und schwarzer Pfeffer
- etwas Ananassaft (bei Ananas aus der Dose schon vorhanden)

Zubereitung:

1. Eisberg Salat waschen, putzen und in Streifen schneiden.
2. Tomaten waschen und in Scheiben schneiden, Gurke waschen und in Scheiben schneiden.
3. Ananas schälen, Strunk entfernen und in Würfel schneiden.
4. Eisberg Salat, Gurke, Tomate und Ananas zusammen mit dem geriebenen Käse in eine Schüssel geben und bei Seite stellen.
5. Fleisch in mundgerechte Stücke oder Streifen schneiden, Pfanne mit Öl erhitzen und das Fleisch rundherum anbraten, die Cashew Kerne dazugeben mit etwas Ahornsirup beträufeln und fertig braten und mit Salz und Pfeffer abschmecken.
6. In der Zwischenzeit aus Mayonnaise, Tomatenmark, Joghurt, Ananassaft und etwas Essig ein Dressing zubereiten, mit Meersalz und Pfeffer abschmecken.
7. Das Dressing zum Salat geben und kräftig mischen. Den Salat auf Tellern anrichten, das Fleisch und die Kerne darauf verteilen und servieren.

Tipp: Anstelle von Cashew Kernen können auch andere Nüsse verwendet werden.

Pasta Auflauf mit Salami

KH 80 g | Eiweiß 43 g | Fett 23 g

Zubereitungszeit: ca. 20 Minuten
Portionen: 2
Schwierigkeit: einfach

Zutaten:
- 125 g Vollkorn Nudeln (Spiralen oder Hörnchen)
- ½ Dose Tomaten, geschält
- 150 g Salami, zuckerfrei
- 30 g Schmelzkäse mit Champignons
- 1 Ei
- 250 ml Milch
- Petersilie, nach Belieben
- 150 g TK Erbsen
- 50 g Sahne
- 2 EL zuckerfreier Tomatenketchup
- 1 EL Saucen Binder, hell
- Meersalz und schwarzer Pfeffer
- Muskat, optional

Zubereitung:

1. Vollkorn Nudeln in Salzwasser sehr bissfest garen, abgießen.
2. Salami klein schneiden, die Tomaten in ein Sieb geben und abgießen (Saft auffangen).
3. Eier mit der Milch verrühren und mit Salz, Muskat und Pfeffer würzen.
4. Petersilie waschen, trocknen und hacken und mit der Eier-Masse verrühren.
5. Nudeln, Tomaten, Erbsen, Tomaten und Wurst in eine Auflaufform geben und mischen, die Eier-Masse darüber verteilen.
6. Den Käse über den Auflauf geben und 45 Minuten (bei 200 Grad Ober- und Unterhitze) backen.
7. Zuletzt den Tomatensaft mit dem Ketchup aufkochen und mit Saucen Binder binden, mit Salz und Pfeffer abschmecken und zum Auflauf servieren.

Paniertes Abenteuer Schnitzel

KH 102 g | Eiweiß 100 g | Fett 62 g

Zubereitungszeit: ca. 45 Minuten
Portionen: 2
Schwierigkeit: normal

Zutaten:
- 2 Schweine-Schnitzel
- 1 Ei
- etwas Vollkornmehl
- 25 g Semmelbrösel
- Öl, zum Braten
- ½ EL Paprika, edelsüß
- Meersalz und schwarzer Pfeffer
- Chiliflocken, nach Bedarf

Zubereitung:

1. Backofen auf 220 Grad vorheizen.
2. Schweine-Schnitzel abwaschen, trocknen und mit Meersalz und Pfeffer würzen. Ei auf einen Teller aufschlagen und mit einer Gabel mischen.
3. Dann das Schnitzel zuerst in Vollkornmehl wenden, überschüssiges Mehl abschütteln.
4. Dann in Ei wenden und zum Schluss mit den Semmelbröseln panieren (Panade andrücken).
5. Etwas Chili zum Öl geben und mischen, Backpapier auf ein Blech legen und mit einem Pinsel das Papier mit dem Chili-Öl-Gemisch einpinseln.
6. Schnitzel ca. 12 Minuten von jeder Seite garen.

Hinweis: Schweinefleisch kann durch Kalbfleisch ausgetauscht werden.

Tipp: Dazu passt ein frischer Salat oder Kartoffelecken.

Ferien-Filet-Topf

KH 17 g | Eiweiß 140 g | Fett 58 g

Zubereitungszeit: ca. 50 Minuten
Portionen: 2
Schwierigkeit: normal

Zutaten:
- 500 g Schweinefilet
- 50 g Schinken
- 1 rote Zwiebel
- ½ Knoblauchzehe
- 250 g braune Champignons, frisch
- 100 ml Gemüsebrühe
- 100 g Crème fraîche oder Schmand
- 100 ml Sahne
- ½ TL zuckerfreier Senf
- ½ EL Tomatenmark, 3-fach konzentriert
- ½ Bund Petersilie,
- ½ EL Öl
- ½ EL Butter
- Meersalz und schwarzer Pfeffer

Zubereitung:

1. Die Haut vom Schweinefilet mit einem scharfen Messer entfernen.
2. Butter mit Öl in eine Pfanne geben und erhitzen.
3. Das Filet mit Meersalz und Pfeffer würzen und dann rundherum kräftig braten (ca. 10 Minuten). Anschließend auf einen Teller legen und ruhen lassen.
4. In der Zwischenzeit Zwiebeln, Knoblauch abziehen und klein schneiden, Schinken würfeln.
5. Nach dem Braten des Filets, in der Pfanne Zwiebeln, Knoblauch und Schinken braun braten.
6. Die Champignons putzen und in Scheiben schneiden. Pilze in die Pfanne geben und mitbraten.
7. Mit Brühe ablöschen und Sahne sowie Schmand einrühren.
8. Die Sauce mit Tomatenmark, Senf, Meersalz und Pfeffer abschmecken. Wer die Sauce etwas cremiger mag, kann etwas Stärke in kaltem Wasser

anrühren und in die kochende Sauce einrühren, kurz aufkochen und abkühlen lassen.
9. Das Fleisch in Scheiben und anschließend in Streifen schneiden.
10. Petersilie waschen, trocknen und hacken. Die Petersilie und das Fleisch zur Sauce geben und mischen, danach, kalt stellen
11. Am nächsten Tag das Essen wieder erwärmen, aber nicht kochen.
12. Die Sauce bei Bedarf noch einmal abschmecken.

Hinweis: Das Fleisch schmeckt besser, wenn es am Vortag zubereitet wird. Das spart Zeit, wenn man Gäste hat.

Tipp: Dazu schmecken ein Salat und etwas Baguette oder auch Kartoffeln.

Bombay Exotik Reisgericht

KH 144 g | Eiweiß 35 g | Fett 36 g

Zubereitungszeit: ca. 50 Minuten
Portionen: 2
Schwierigkeit: normal

Zutaten:
- 1 Tasse Risotto Reis
- ½ TL Currypulver
- ½ Dose Kokosmilch
- 1 Scheiben Lachs, TK
- ½ EL Öl
- Petersilie
- ½ EL Gemüsebrühe
- 1 rote Zwiebel
- ½ Dose Mandarinen
- Meersalz
- 1 Knoblauchzehe

Zubereitung:

1. Lachs antauen lassen, Zwiebel und Knoblauch abziehen und klein schneiden. Mandarinen in ein Sieb geben und abtropfen lassen.
2. Topf mit etwas Öl erhitzen, die Zwiebeln und den Knoblauch hineingeben und glasig anbraten, Reis dazugeben und kurz mitbraten, dann mit etwas Mandarinen Saft ablöschen und Curry unterrühren.
3. Kokosmilch mit Gemüsebrühe dazugeben und bei mittlerer Hitze köcheln lassen (im geschlossenen Topf) dabei immer wieder umrühren und nach und nach etwas Wasser zugeben, bis der Reis die gewünschte Konsistenz erreicht hat.
4. Den Lachs abwaschen, trocken tupfen und in mundgerechte Stücke schneiden.
5. Petersilie waschen, trocknen und hacken. Wenn der Reis fast fertig ist, den Lachs und die Mandarinen vorsichtig unterheben. Reis mit geschlossenem Deckel ca. 3 Minuten ziehen lassen (Herd dabei ausschalten).
6. Reis vor dem Servieren noch einmal vorsichtig umrühren und bei Bedarf noch etwas Würzen.
7. Wem der Reis zu fest ist, der gibt einfach noch etwas Kokosmilch dazu.
8. Anrichten und mit der Petersilie bestreuen.

Hinweis: Dieser Reis kommt ohne Käse aus. Die Kokosmilch verleiht ihm eine cremige Konsistenz.

Mailänder Leberkäs Pfanne

KH 107 g | Eiweiß 55 g | Fett 96 g

Zubereitungszeit: ca. 20 Minuten
Portionen: 2
Schwierigkeit: normal

Zutaten:
- 330 g Leberkäse, zuckerfrei
- 330 g Gnocchi, Kühlregal
- 330 g Gemüse
- 1 ½ EL Olivenöl
- Meersalz und schwarzer Pfeffer
- Kräuter, nach Belieben

Zubereitung:

1. Leberkäse in Stifte schneiden, in einer Pfanne Öl erhitzen und den Leberkäse darin anbraten, wenn er leicht braun ist, aus der Pfanne nehmen.
2. Gnocchi in diese Pfanne geben und braun braten, wenn erforderlich, noch etwas Öl dazugeben.
3. In der Zwischenzeit das Gemüse waschen, putzen und klein schneiden.
4. Gnocchi aus der Pfanne nehmen und das vorbereitete Gemüse bissfest garen, falls nötig etwas Wasser dazugeben.
5. Wenn das Gemüse die gewünschte Konsistenz erreicht hat, die Gnocchi und den Leberkäse dazugeben und alles zusammen noch einmal kurz erhitzen, mit Salz und Pfeffer abschmecken.
6. Die Kräuter waschen, trocknen und hacken.
7. Anrichten und mit den frischen Kräutern garnieren.

Tipp: Geeignete Gemüse sind z. B. Brokkoli, Paprika, Karotten, Blumenkohl, alle festen Gemüse die das Essen nicht verwässern, da die Gnocchi sonst matschig werden.

Leberkäse trifft Nudel

KH 69 g | Eiweiß 36 g | Fett 60 g

Zubereitungszeit: ca. 30 Minuten
Portionen: 2
Schwierigkeit: normal

Zutaten:
- 1 ½ Scheiben Leberkäse, zuckerfrei
- ½ Stange Bio Lauch
- 200 g Vollkorn Nudeln
- 200 ml Fleischbrühe oder Gemüsebrühe
- 1 ½ EL Frischkäse, fettarm
- 2 EL Schmand oder saure Sahne
- 1 EL zuckerfreier Senf
- etwas Saucenbinder
- Meersalz und schwarzer Pfeffer
- Gewürze nach Belieben
- ½ TL Essig oder Zitronensaft
- etwas Käse zum Überbacken, nach Belieben
- Öl zum Braten

Zubereitung:

1. Die Vollkorn Nudeln nach Packungsanleitung bissfest garen.
2. Etwas Öl in einer Pfanne erwärmen, Fleischkäse in Würfel schneiden und anbraten.
3. Lauch waschen sehr feine Ringe schneiden und ebenfalls in die Pfanne geben, kurz mitbraten, mit der Gemüsebrühe ablöschen.
4. Frischkäse, Schmand und zuckerfreier Senf einrühren. Die Nudeln dazu geben.
5. Soßenbinder einrühren, bis die Sauce die gewünschte Konsistenz erreicht hat. Mit Salz, Pfeffer und Gewürzen nach Geschmack würzen. Zum Schluss noch einen Schuss Essig oder Zitronensaft einrühren, dadurch erhält das Gericht eine leicht säuerliche und frische Note.

Crispy Chicken Nuggets

KH 233 g | Eiweiß 151 g | Fett 53 g

Zubereitungszeit: ca. 30 Minuten
Portionen: 2
Schwierigkeit: normal

Zutaten:
- ½ kg Hähnchenbrustfilet, nicht gewürzt
- 2 ½ Tassen Cornflakes, ungesüßt!
- 1 Ei
- Meersalz und schwarzer Pfeffer
- ½ TL Paprika, edelsüß
- 1 Tasse Vollkornmehl
- Öl zum Braten

Zubereitung:

1. Das Ei auf einen Teller geben, umrühren und mit Meersalz, Paprika und Pfeffer würzen.
2. Die Cornflakes zerbröseln (dazu in einen Gefrierbeutel geben und zerkleinern), Mehl auf einen weiteren Teller geben.
3. Das Fleisch in mundgerechte Stücke schneiden und zuerst in Mehl, dann im Ei und zuletzt in den Cornflakes wenden.
4. Eine Pfanne mit ausreichend Öl erhitzen und die Nuggets ca. 3 Minuten und von allen Seiten braun braten.

Hinweis: Die Nuggets schmecken sowohl warm als auch kalt. Zudem sind sie zum Mitnehmen und für ein Familienpicknick geeignet.

Tipp: Ein frischer Salat passt optimal dazu.

Knusprig frischer Chicken Wrap

KH 372 g | Eiweiß g | Fett 88 g

Zubereitungszeit: ca. 30 Minuten
Portionen: 2
Schwierigkeit: normal

Zutaten:
Für den Teig:
- 250 g Vollkornmehl
- 125 ml lauwarmes Wasser
- 1 TL Kokosblütenzucker
- 2 TL Meersalz
- ½ Pck. Trockenhefe
- 1 EL Olivenöl

Für die Füllung:
- 500 g Hähnchenbrust
- 2 Eier
- 1 TL Meersalz
- 1 TL schwarzer Pfeffer
- Milch, nach Belieben
- 200 g Cornflakes, ungesüßt
- 50 g Paniermehl
- ½ TL Paprika, scharf
- Olivenöl
- 1 Becher Crème fraîche
- 2 EL Pesto Rosso
- Meersalz und schwarzer Pfeffer
- Paprika, edelsüß
- Chili, nach Belieben
- 1 Bund Bio Rucola

Zubereitung:

1. Vollkornmehl, Kokosblütenzucker und Salz in eine Schüssel geben, Trockenhefe in etwas lauwarmen Wasser auflösen und zusammen mit dem Öl zum Mehl geben, darauf ca. 5 Minuten einen glatten Teig kneten.
2. Den Teig abgedeckt bei Zimmertemperatur ca. 30 Minuten ruhen lassen, in 6 – 8 gleiche Teile zerteilen und sehr dünn ausrollen.

3. Die Wraps in einer entsprechend großen Pfanne ohne Öl braten, bis sie leicht braun sind.
4. In der Zwischenzeit die Hähnchenbrust in Streifen schneiden.
5. Einen Teller mit Vollkornmehl, einen mit einem aufgeschlagenen Ei und einen mit zerbröselten Cornflakes (Cornflakes in eine Tüte geben und mithilfe eines Teig Rollers zerkleinern) vorbereiten.
6. Die Fleisch-Streifen nun nach und nach erst in Mehl, dann in Ei und zum Schluss in Cornflakes wenden.
7. Eine Pfanne mit ausreichend Öl erhitzen und die Hähnchenstreifen darin knusprig und braun braten.
8. Pesto mit Crème fraîche mischen und würzen.
9. Rucola waschen und trocknen, nun den Wrap erst mit Crème fraîche bestreichen, Rucola darauf verteilen und zuletzt die Hähnchenstreifen darauflegen, einrollen und genießen.

Cabanossi Genuss-Pasta

KH 60 g | Eiweiß 84 g | Fett 134 g

Zubereitungszeit: ca. 40 Minuten
Portionen: 2
Schwierigkeit: einfach

Zutaten:
- ½ EL Olivenöl
- 300 g Cabanossi, zuckerfrei
- ½ rote Zwiebel, gewürfelt
- ½ Knoblauchzehe
- 330 ml Hühnerbrühe
- 85 ml Sahne
- ½ Tomaten, Dose, stückige
- 170 g Vollkorn Nudeln
- 85 g Käse, gerieben, z. B. Cheddar
- Meersalz und schwarzer Pfeffer
- Schnittlauch zum Garnieren

Zubereitung:

1. Zwiebel und Knoblauch abziehen, Zwiebel klein schneiden und Knoblauch sehr fein hacken.
2. Eine Pfanne mit etwas Öl erhitzen, die Wurst in Ringe schneiden und anschließend im Öl anbraten, die Zwiebel und den Knoblauch dazugeben und mitbraten.
3. Hühnerbrühe aufgießen, Sahne dazugeben und umrühren. Dann die Tomaten und die Vollkorn Nudeln hineingeben, erneut umrühren und bei mittlerer Hitze ca. 15 – 20 Minuten köcheln lassen (Deckel auf den Topf geben). Immer wieder mal umrühren, damit es nicht anbrennt.
4. Wenn es zu dick ist, noch etwas Brühe nachgießen.
5. Kurz vor Ende der Garzeit die Hälfte vom Käse einrühren und mit Meersalz und Pfeffer abschmecken. Herd ausstellen und den restlichen Käse darüber streuen und den Deckel auflegen.
Schnittlauch waschen, trocknen und in Röllchen schneiden.
Wenn der der Käse zerlaufen ist, auf Teller geben und mit dem Schnittlauch garnieren.

Schwäbische Käsespätzle

KH 165 g | Eiweiß 95 g | Fett 71 g

Zubereitungszeit: ca. 55 Minuten
Portionen: 2
Schwierigkeit: normal

Zutaten:
- 250 g Vollkornmehl
- 3 Eier, Größe M
- etwas Mineralwasser
- etwas Meersalz
- 75 g Käse (z. B. Emmentaler), gerieben
- 50 g Bergkäse
- 25 g Weichkäse Romadur
- 1 ½ große rote Zwiebel
- Butter
- viel Salzwasser

Zubereitung:

1. Die Zwiebel abziehen, in Ringe schneiden. In einer Pfanne Butter erwärmen (aufpassen, wird schnell schwarz) und die Zwiebel darin leicht braun braten.
2. Mehl in eine Schüssel geben (besser ist sieben), Eier, Salz und Mineralwasser dazugeben und zu einem glatten Teig verarbeiten.
3. Der Teig muss Blasen schlagen, dann ist er fertig, etwas ruhen lassen.
4. Einen großen Topf mit ausreichend Salzwasser zum Kochen bringen, eine Auflaufform in den Backofen stellen und auf 80 Grad vorheizen.
5. Den Weichkäse und den Bergkäse unter den Teig heben. Wenn das Wasser kocht, den Teig mithilfe eines Spätzle Hobels oder vom Brett portionsweise in das Wasser hobeln. Die Spätzle sollten nicht am Boden des Topfes hängen bleiben.
6. Sobald die Spätzle an der Wasseroberfläche schwimmen, noch ca. 30 Sekunden ziehen lassen. Mit einer Schaumkelle herausnehmen, abtropfen und in die vorgewärmte Auflaufform geben.
7. Eine Schicht Käse (gerieben) auf die Spätzle verteilen.
8. Nach und nach alle Spätzle zubereiten, immer wieder Käse darauf verteilen, bis der Teig aufgebraucht ist.

9. Zum Schluss die Käsespatzen auf Teller geben und die Zwiebeln darauf verteilen.

Hinweis: Am besten Spätzle Mehl verwenden.

Tipp: Wer will, kann die Zwiebel natürlich auch knusprig braten.

Wer gern Zwiebeln mag, kann natürlich auch mehr zubereiten.

Die Käsemengen sind nur Richtwerte, jeder kann, soviel wie er mag verwenden.

Samurai Frikadellen

KH 57 g | Eiweiß 52 g | Fett 60 g

Zubereitungszeit: ca. 25 Minuten
Portionen: 2
Schwierigkeit: normal

Zutaten:
- 250 g gemischtes Hackfleisch
- ½ TL schwarzer Pfeffer, ganz
- ½ TL Koriander, ganz
- ½ Bund Koriander Grün, fein geschnitten
- ½ Bund Frühlingszwiebeln, das Weiße davon, fein geschnitten
- ½ Knoblauchzehe fein geschnitten
- ½ EL Sesamöl
- 1 Ei
- 1 ½ EL Sojasoße, japanische
- ½ TL Wasabi Paste
- 50 g Panko Mehl (Paniermehl)
- Prise Chilipulver, nach Belieben
- Meersalz und schwarzer Pfeffer
- 1 EL Vollkornmehl
- Öl zum Braten

Zubereitung:

1. Pfeffer zusammen mit dem Koriander im Mörser zerkleinern und mit der Sojasoße und der Wasabi Paste verrühren, das Panko Mehl dazugeben und mischen.
2. Frühlingszwiebel putzen, in Röllchen schneiden, Knoblauch abziehen und fein hacken.
3. Eine Pfanne mit Sesamöl aufstellen, erwärmen und die Frühlingszwiebel und den Knoblauch bei geringer Hitze glasig garen (Deckel auf die Pfanne geben).
4. Hackfleisch mit Chili, Salz, Pfeffer und den Frühlingszwiebeln mischen. Koriander waschen, trocknen und hacken und ebenfalls zum Hackfleisch geben und untermischen.
5. In den Kühlschrank stellen und ziehen lassen (ca. 30 Minuten).

6. In der Zwischenzeit das Ei auf einen Teller geben verrühren, Mehl auf einen Teller und auf den Dritten das Panko Mehl geben.
7. Aus dem Hackfleisch Kugeln (in Größe eines Golfballs) formen und in Mehl, dann in Ei und zuletzt im Panko Mehl wenden.
8. Reichlich Öl in einer Pfanne erhitzen und die Bällchen darin rundherum braun braten, auf Küchenkrepp abtropfen lassen.

Hinweis: Wer kein Panko Mehl zu Hause hat, kann die Bällchen auch ohne Panade braten.

Tipp: Die Hack-Bällchen schmecken warm und kalt.
Wer will, kann japanische Teriyakisauce dazu reichen.

Strammer Max Rösti

KH 67 g | Eiweiß g | Fett 23 g

Zubereitungszeit: ca. 30 Minuten
Portionen: 2
Schwierigkeit: normal

Zutaten:
- 2 große Kartoffeln, festkochend
- Meersalz und schwarzer Pfeffer
- Öl zum Anbraten
- 2 Eier
- 2 Scheiben gekochter Schinken, zuckerfrei
- Schnittlauch zum Garnieren

Zubereitung:

1. Kartoffeln schälen, waschen und grob raspeln. Die geraspelten Kartoffeln mit den Händen gut ausdrücken und mit Salz und Pfeffer würzen.
2. Den Backofen auf 100 °C (Umluft) vorheizen.
3. In einer Pfanne reichlich Öl erhitzen, ein Viertel der Kartoffel-Masse hineingeben und flach drücken. Die Rösti von beiden Seiten knusprig goldgelb braten.
4. Die Rösti auf Küchenpapier abtropfen lassen und im Backofen warm stellen. Nun die anderen Rösti braten.
5. In einer weiteren Pfanne Öl erwärmen (bei mittlerer Hitze), die Eier in einen Ring geben und bei geringer Hitze zu Spiegeleiern braten. Mit Meersalz und Pfeffer würzen.
6. Schnittlauch waschen, trocknen und in Röllchen schneiden.
7. Dann den Schinken in einer anderen Pfanne ohne Öl erwärmen. Die Rösti auf Teller geben und den warmen Schinken darauf verteilen. Die Spiegeleier aus der Pfanne auf den Schinken geben. Zum Schluss mit dem Schnittlauch garnieren.

Hinweis: Wer keinen Ring zum Braten der Spiegeleier parat hat, kann auch eine kleine Pfanne oder eine Pancake Pfanne verwenden.

Brokkoli Schiffchen

KH 10 g | EW 28 g | F 17 g

Zubereitungszeit: ca. 40 Minuten
Portionen: 2
Schwierigkeit: normal

Zutaten:
- 300g Bio Brokkoli
- 1 kleine rote Zwiebel
- 100g Käse, gerieben
- 1 Scheibe Zwieback
- 1 Ei
- 2 EL Mandelmehl
- etwas Meersalz und schwarzer Pfeffer

Zubereitung:

1. Backofen auf ca. 180 °C mit Umluft und Oberhitze vorheizen.
2. Brokkoli waschen, putzen und die Röschen abschneiden, in heißem Wasser mit Salz ca. 10 Minuten garen (der Brokkoli sollte fast weich sein).
3. Eiswasser bereitstellen, den Brokkoli abgießen und in das kalte Wasser geben (das verhindert, dass er grau wird).
4. Den Brokkoli auf Küchenkrepp zum Abkühlen und trocknen geben.
5. Den Brokkoli fein hacken und in eine Schüssel geben, das Ei und den Käse dazugeben und alles gut vermischen.
6. Ein Zwieback zerbröseln und mit dem Mandelmehl dazugeben (die Masse sollte nicht zu feucht sein).
7. Nun die Brokkoli Mischung abschmecken mit Salz und Pfeffer und kleine Schiffchen formen.
8. Ein Backblech mit Backpapier belegen und die Schiffchen daraufsetzen
9. In den Backofen geben und ca. 10 – 12 Minuten backen.

Hinweis: Wer keine Schiffchen hinbekommt, kann auch mit 2 Esslöffeln Nocken formen.

Tipp: Dazu ein Frischkäse Dip reichen.

Gemüse Finger

KH 76 g | Eiweiß 30 g | Fett 20 g

Zubereitungszeit: ca. 40 Minuten
Portionen: 2
Schwierigkeit: normal

Zutaten:
- 350 g Kartoffeln
- 70 g Erbsen, TK
- Petersilie, nach Belieben
- 70 g Mozzarella, gerieben
- 1 Ei, Größe L
- Meersalz und schwarzer Pfeffer
- Kreuzkümmel, er mag

Zubereitung:

1. Kartoffeln in Wasser mit Salz ca. 20 – 25 Minuten kochen, bis sie gar sind.
2. Erbsen auftauen lassen, die Karotten waschen, putzen und reiben.
3. Petersilie waschen, trocknen und fein hacken.
4. Kartoffeln abgießen, etwas abkühlen lassen und pellen, wenn sie ausgekühlt sind die Kartoffeln reiben.
5. Die geriebenen Kartoffeln, Karotten und Erbsen sowie Käse und Petersilie vermischen. Anschließend die Eier dazugeben und unterrühren. Mit Salz und Pfeffer abschmecken und bei Bedarf mit Kreuzkümmel würzen.
6. Die Gemüse-Mischung mit den Händen zu Stäbchen formen.
7. Eine Pfanne mit Öl erhitzen und die Stäbchen bei mittlerer Hitze von allen Seiten braun braten (Dauer ca. 4 Minuten).

Schlemmer Lachs Döner

KH 69 g | Eiweiß 30 g | Fett 16 g

Zubereitungszeit: ca. 30 Minuten
Portionen: 2
Schwierigkeit: einfach

Zutaten:
- 125 g Lachs
- ½ Fladenbrot, zuckerfrei
- Gemüse, nach Belieben
- Remoulade, zuckerfrei

Zubereitung:

1. Gemüse waschen, putzen und klein schneiden.
2. Lachs abwaschen, trocknen und im Dampfgarer ca. 13 Minuten garen.
3. Das Fladenbrot in Stücke teilen und entweder im Toaster, Kontaktgrill oder in der Pfanne ohne Öl erwärmen.
4. Das Fladenbrot aufschneiden mit Remoulade bestreichen und mit dem vorbereiteten Gemüse füllen.

Tipp: Als Gemüse eignen sich geraspelte Karotten, Paprika, Zucchini, Zwiebeln, frische Kräuter.

Lustige Bratwurstspieße mit Gemüse

KH 13 g | Eiweiß 55 g | Fett 55 g

Zubereitungszeit: ca. 40 Minuten
Portionen: 2
Schwierigkeit: einfach

Zutaten:
- 150 g Bratwürstchen, zuckerfrei
- Gemüse, nach Belieben z. B. Tomaten, gelbe Paprika, Zucchini, Champignons
- Holzspieße
- etwas Olivenöl

Zubereitung:

1. Den Backofen auf 200° C vorheizen.
2. Gemüse waschen, putzen (je nach Gemüseart schälen) und klein schneiden.
3. Die Würstchen aus der Verpackung nehmen und ebenfalls in mundgerechte Stücke schneiden.
4. Abwechselnd Würstchen und Gemüse auf die Holzspieße stecken.
5. Ein Backblech mit Backpapier belegen und die vorbereiteten Spieße daraufnlegen.
6. Zuletzt die Spieße mit etwas Olivenöl beträufeln und ca. 25 Minuten backen. Das Gemüse darf leicht gebräunt sein, dennoch bissfest bleiben.

Tipp: Dazu passt ein frischer gemischter oder auch ein Gurkensalat.

Frika Karto

KH 133 g | Eiweiß 60 g | Fett 58 g

Zubereitungszeit: ca. 50 Minuten
Portionen: 2
Schwierigkeit: mittel

Zutaten:
- 5 Kartoffeln
- 1 kleine Bio Karotten
- 200 g Hackfleisch
- 1 Ei, Größe M
- 1 kleine Zwiebel, rot
- 3 TL Semmelbrösel
- 1 EL Olivenöl
- Meersalz und schwarzer Pfeffer

Zubereitung:

1. Backofen vorheizen (auf 200). Kartoffeln waschen und achteln. Je nach Belieben schälen oder auch die Schale dran lassen.
2. Die Kartoffel-Spalten auf mit Backpapier ausgelegtem Backblech legen und mit Pfeffer und Meersalz würzen.
3. Das Backblech mit den Kartoffel-Spalten in den Ofen geben und bei ca. 25 Minuten backen. Die Kartoffeln sollen schön knusprig sein.
4. Karotten waschen, putzen, Zwiebel abziehen und beides mit einer Gemüse Reibe fein raspeln.
5. Hackfleisch zusammen mit den Zwiebeln und Karotten in eine Schüssel geben, mischen. Anschließend die Semmelbrösel und das Ei dazugeben, gut vermengen und mit Pfeffer und Meersalz würzen.
6. Hackbällchen formen, eine Pfanne mit Öl erhitzen und die Hackbällchen rundherum goldbraun braten.
7. Die fertigen Hackbällchen kurz auf Küchenpapier abtropfen lassen und anschließend mit den Kartoffeln anrichten.

Tipp: Dazu passen ein frischer Salat und zuckerfreier Ketchup.

Nudelsalat „Fruchtbombe"

KH 170 g | Eiweiß 43 g | Fett 35 g

Zubereitungszeit: ca. 30 Minuten
Portionen: 2
Schwierigkeit: normal

Zutaten:
- 125 g Vollkorn Farfalle
- 60 g Mascarpone
- 40 g Naturjoghurt, fettarm
- 50 g Hähnchenbrust
- 50 g Crevetten
- ¼ kleine Bio Ananas, frische
- 40 ml Ananassaft
- ½ Bio Paprika, rot
- ¼ TL gehäuft Knoblauch Paste
- ¼ EL frischer Ingwer, gerieben
- ¼ TL Chili Paste, nach Belieben
- ¼ EL Zitronensaft
- ½ EL Bio Apfelessig
- ½ EL Erdnuss-Öl
- ¼ EL Madras Currypulver
- etwas Zitronenschale, Bio
- Meersalz und schwarzer Pfeffer, frisch gemahlen
- Koriander, frisch gemahlener, nach Belieben

Zubereitung:

1. Nudeln nach Packungsanleitung in Salzwasser kochen, in einer kleinen Pfanne etwas Öl erhitzen und das Currypulver darin kurz anbraten. Mit Ananassaft ablöschen.
2. In der Zwischenzeit Paprika waschen, die Kerne und das Grün entfernen und in mundgerechte Stücke schneiden.
3. Ananas von Schale und Strunk befreien und in Würfel schneiden, Hühnerbrust in kleine Stücke schneiden.
4. Eine Pfanne mit etwas Öl erhitzen und die Hühnerbrust rundherum braun braten, Crevetten abwaschen und trocknen.

5. Mascarpone zusammen mit dem Joghurt in eine Schüssel geben und die Ananas-Curry-Mischung unterrühren.
6. Zitrone waschen, mit einer Reibe Zitronenabrieb herstellen und dann die Zitrone auspressen, Ingwer sehr dünn schälen oder gründlich waschen und reiben.
7. Etwas Zitronenabrieb und Saft, sowie Ingwer, Knoblauch Paste, Chili Paste Pfeffer Salz und Koriander Samen (gemahlen dazugeben und alles gut verrühren.
8. Anschließend Crevetten, die Nudeln, gebratene Hähnchenbrust, Ananas und Paprika dazugeben und gründlich umrühren.
9. Der Nudelsalat sollte mindestens 1 Stunde im Kühlschrank durchziehen.

Hinweis: Der Nudelsalat kann gut vorbereitet werden und eignet sich wunderbar auch für Kindergeburtstage.

Tipp: Das Obst lässt sich nach Vorlieben der Kinder gut variieren.

Grillsaison eröffnet – Tortellini-Rucola-Salat

KH 104 g | Eiweiß 79 g | Fett 112 g

Zubereitungszeit: ca. 30 Minuten
Portionen: 2
Schwierigkeit: normal

Zutaten:
- 250 g Tortellini, Käsefüllung
- 60 g Parmesan
- ½ Handvoll Basilikum
- 50 g Pinienkerne
- ½ TL zuckerfreier Senf
- 1 EL Balsamico, dunkel
- Meersalz und schwarzer Pfeffer
- Knoblauch, nach Belieben
- 50 g Bio Tomate, getrocknete, in Öl eingelegt
- 50 g Bio Rucola
- 60 g Mozzarella
- 50 g Parmaschinken
- 1 EL Pesto, grün
- ½ EL Xylit
- 1 ½ EL Olivenöl

Zubereitung:

1. Tortellini nach Packungsanleitung in ausreichend Salzwasser garen, abgießen und abkühlen lassen.
2. In einer Pfanne ohne Öl Pinienkerne rösten.
3. Rucola und Basilikum waschen, trocknen, das Basilikum von den Stielen zupfen und den Rucola putzen, beides grob hacken.
4. Parmesan grob hobeln und Parmaschinken in feine Streifen schneiden.
5. Getrocknete Tomaten abtropfen lassen und klein schneiden. Mozzarella abtropfen lassen und in Würfel zerteilen.
6. Alle Zutaten in eine Schüssel geben und vermengen.
7. Knoblauch abziehen und sehr fein hacken.
8. Aus Knoblauch, Pesto, Senf, Xylit, Balsamico und Olivenöl zu einem Dressing zubereiten und mit Pfeffer und Salz abschmecken.

9. Anschließend das Dressing zum Salat geben und gut vermischen.

Hinweis: Achtung beim Rösten der Pinienkerne, diese verbrennen leicht.

Tipp: Dazu passt auch gegrillter Ziegenkäse, Oliven und gegrillter Paprika.

Kinder-Party-Suppe

KH 13,4 g | Eiweiß 30 g | Fett 29 g

Zubereitungszeit: ca. 40 Minuten
Portionen: 2
Schwierigkeit: einfach

Zutaten:
- 100 g Bio Hackfleisch, gemischt
- 80 g braune Champignons, frische
- ¼ Stange Lauch
- Tomaten, passierte, nach Belieben
- Tomaten, geschälte, nach Belieben
- 1 EL Tomatenmark
- Sahne-Schmelzkäse, nach Geschmack
- Sahne, nach Belieben
- Creme fraîche
- ½ EL Oregano
- ½ EL Majoran
- 200 ml Gemüsebrühe
- ¼ Dose Mais

Zubereitung:

1. Einen Topf mit wenig Öl erhitzen und das Hackfleisch darin krümelig anbraten
2. Lauch und Champignons putzen, Lauch in Ringe und Champignons in Scheiben schneiden und beides mit anbraten.
3. Tomatenmark, die passierten und die geschälten Tomaten dazugeben, umrühren und etwas einkochen lassen. Dann den Mais dazugeben.
4. Mit der Gemüsebrühe ablöschen, Sahne, Schmelzkäse, Majoran und Oregano dazugeben, gut umrühren und den Rest der Brühe aufgießen. Solange bei niedriger Hitze kochen lassen bis die gewünschte Konsistenz erreicht ist.
5. Zuletzt Creme fraîche unterrühren, nicht mehr kochen.

Hinweis: Die Suppe kann schon am Vortag gekocht werden, dann schmeckt sie noch besser. Dazu ein Baguette reichen.

Gefüllte Tomaten

KH 157 g | Eiweiß 31 g | Fett 85 g

Zubereitungszeit: ca. 75 Minuten
Portionen: 2
Schwierigkeit: normal

Zutaten:
- 250 g Vollkorn Reis
- 8 große Bio Tomaten
- 125 g rote Zwiebeln, fein hacken
- 80 g Rosinen
- 40 g Pinienkerne
- 1 Bund Petersilie – fein hacken
- 4 EL Olivenöl
- 2 EL Tomatenmark
- Meersalz und schwarzer Pfeffer
- 1 Prise Zimt
- Gemüsebrühe, nach Bedarf

Zubereitung:

1. Den Reis gründlich waschen, dann mit Gemüsebrühe nach Packungsanleitung garen.
2. Zwiebeln abziehen und klein schneiden. Eine Pfanne mit Olivenöl erhitzen und die Zwiebeln darin glasig anbraten.
3. Backofen auf 220 Grad vorheizen.
4. Petersilie waschen, trocknen und hacken. Dann die Petersilie, Zimt, Rosinen und Pinienkerne dazugeben und kurz mit anbraten.
5. Reis abgießen und diese Mischung unter den Reis heben.
6. Tomaten waschen, trocknen und den Deckel abschneiden, die Tomaten aushöhlen.
7. Das Fruchtfleisch der Tomaten mit dem Tomatenmark vermischen und mit Salz und Pfeffer würzen, Olivenöl und Gemüsebrühe dazugeben (Menge insgesamt 500 ml) diese dann zu den Tomaten geben.
8. Die Tomaten mit der Reis-Masse füllen. Eine große Auflaufform nehmen die Tomaten hineingeben, die Tomatensauce dazugeben und im Ofen schmoren lassen (Dauer Ca. 30 Minuten.

3. Rezepte für das Dessert

Peanuts Kekse ohne Zucker

KH 31 g | Eiweiß 80 g | Fett 129 g

Zubereitungszeit: ca. 15 Minuten
Portionen: 2
Schwierigkeit: normal

Zutaten:
- 250g Erdnussmus (1 Glas) – natürlich zuckerfrei!
- 1 Ei
- etwas Reissirup, nach Belieben

Zubereitung:

1. Backofen auf 180 Grad Umluft vorheizen.
2. Erdnussbutter und Ei zusammen in eine Schüssel geben und kräftig verrühren.
3. Backpapier auf ein Backblech geben. Mit einem Teelöffel von der Keks Masse nehmen, mit den Händen eine Kugel formen, auf das Backblech legen und das Ganze wiederholen bis der Teig alle ist.
4. Mithilfe einer kleinen Gabel die Kugeln etwas platt drücken
5. Dann im Backofen backen (Dauer ca. 10 Minuten).

Hinweis: Die Kekse krümeln leicht, deshalb die Kekse nicht zu groß und zu dünn machen.
Teig mit dem Thermomix zubereiten: 10sec / Stufe 3

Tipp: Kekse sofort genießen, da das Aufbewahren sich aufgrund der Konsistenz sich etwas schwierig gestaltet.

Die Kekse lassen sich beliebig variieren z. B. mit Kakao, Zimt, Kokosraspeln (bei den Kokosraspeln nicht zu viele verwenden).

Fruchtig frischer Lolli

KH 201 g | Eiweiß 27 g | Fett 52 g

Zubereitungszeit: ca. 25 Minuten
Portionen: 2
Schwierigkeit: normal

Zutaten:
Für den Lolli
- 1 kleine Melone, vierteln
- 130 g Medjool Datteln
- 50 g Haferflocken
- 30 g Erdnüsse, geröstet
- 25 g Himbeeren, frisch
- ½ TL Himbeeren, getrocknet, zuckerfrei
- ½ TL Pistazien
- Matcha Pulver, nach Belieben

Für den Überzug
- 10 g Kakaobutter
- 2 EL Kokosöl
- 1 EL Yaconsirup
- 1 EL Kakaopulver
- 1 Prise Meersalz
-

Zubereitung:

1. 100 g Datteln mit einem Standmixer auf kleinster Stufe fein mixen. Die Hälfte der Haferflocken sowie die Erdnüsse dazugeben und nochmals mixen.
2. Hälfte der Masse aus dem Mixbecher nehmen und in eine Schüssel geben.
3. Die frischen Himbeeren, der Rest der Haferflocken und Datteln in den Mixbecher geben und mixen. Die Masse aus dem Mixer nehmen und in eine andere Schüssel geben.
4. Backpapier auf einen Teller geben und beiseite stellen.
5. Das Matchapulver in die zuerst herausgenommene Masse rühren, daraus Kugeln formen (Größe ungefähr 2,5 cm) und auf das Backpapier legen. Aus der anderen Masse ebenfalls 2,5 cm große Kugeln formen und auf den Teller legen.
6. Den Teller für mindestens 2 Stunden in das Tiefkühlfach geben.

7. Einen kleinen Topf mit Wasser aufkochen lassen. In einen anderen Topf alle Zutaten für den Schokoladenüberzug geben und unter ständiges Rühren über dem Wasserbad schmelzen lassen.
8. Melone halbieren und mit der Schnittfläche auf einen Teller geben.
9. Pistazien etwas hacken und die getrockneten Himbeeren ebenfalls etwas zerkleinern.
10. Kugeln aus dem TK nehmen, auf Holzspieße stecken und in die Schokolade tauchen, kurz abtropfen und anschließen in die Melone stecken.
11. Die Kugeln aus der Matcha-Variante mit Pistazien bestreuen und die anderen mit den getrockneten Himbeeren.
12. Zum Schluss die Melone mit den Lollipop noch einmal in den Kühler stellen, mindestens 2 Stunden.

Tipp: Die Melone kann man noch zum Zubereiten von Smoothies oder auch Obstsalat verwenden.

Power Kekse

KH 101 g | Eiweiß 16 g | Fett 7 g

Zubereitungszeit: ca. 35 Minuten
Portionen: 2
Schwierigkeit: normal

Zutaten:
- 2 Bio Bananen, sehr reif
- 100g Vollkornflocken

Zubereitung:

1. Backofen auf 180° Ober-/Unterhitze vorheizen.
2. Bananen schälen, etwas zerquetschen und gut mit den Haferflocken verrühren. Backpapier auf ein Backblech legen.
3. Mit den Händen Keksen formen (etwas platt drücken) und auf ein Backblech legen.
4. Im Backofen ca. 20–25 Minuten die Kekse backen.

Hinweis: Im Thermomix mach ich das in 20sec./Stufe 4 links rühren.

Tipp: Die Kekse werden schön saftig, wenn man sie nicht zu platt drückt. Eine gute Idee, wenn mal Bananen zu reif geworden sind.

Diese Kekse kann man nach Lust und Laune verändern. Einfach mal Kakao oder Zimt dazugeben oder ein bisschen Mandelmus dazugeben.

Viele verschiedene Varianten sind super auf Kindergeburtstagen.

Waffel Traum ohne Zucker

KH 236 g | Eiweiß 60 g | Fett 93 g

Zubereitungszeit: ca. Minuten
Portionen: 2
Schwierigkeit:

Zutaten:
- 1 Bio Apfel (ca. 100 g)
- 100 g Bio Banane
- 80 g Butter
- 3 Eier
- 300 g Vollkornmehl
- Milch, fettarm

Zubereitung:

1. Apfel waschen, Kernhaus entfernen und klein schneiden, Banane schälen und zerkleinern.
2. Das Obst in ein Gefäß füllen und mixen.
3. Butter schmelzen, kalt werden lassen und mit den Eiern schaumig schlagen.
4. Vollkornmehl dazugeben und zu einem glatten Teig verarbeiten, Milch dazugeben, sodass der Teig nicht mehr dick, sondern dickflüssig ist.
5. Das Obst dazugeben und unterrühren.
6. Bevor der Teig gebacken wird, sollte er ca. 15 Minuten ruhen.
7. Waffeleisen etwas einfetten und nach und nach alle Waffeln backen.

Tipp: Anstelle der Banane kann man auch eine Birne verwenden und die Milch kann durch Mandel Drink ersetzt werden.

Dazu passt frisches Obst z. B. Beeren.

Das 5-Minuten Eis

KH 29 g | Eiweiß 7 g | Fett 3 g

Zubereitungszeit: ca. 5 Minuten
Portionen: 2
Schwierigkeit: einfach

Zutaten:
- 125 g Obst, TK, z. B. Erdbeeren, Kirschen, Aprikosen oder Himbeeren
- 125 g Joghurt (natur), fettarm oder Magerquark
- Zitronensaft nach Geschmack
- Xylit, nach Geschmack

Zubereitung:

1. Das gefrorene Obst zusammen mit dem Joghurt oder Quark in den Mixer geben, kurz mixen, etwas Xylit (nach Geschmack) und Zitronensaft dazugeben und noch einmal kurz mixen.
2. Eis in Schalen oder Gläser geben und sofort servieren.

Saftige Brownies

KH 65 g | Eiweiß 65 g | Fett 363 g

Zubereitungszeit: ca. 55 Minuten
Portionen: 2-3
Schwierigkeit: normal

Zutaten:

- 2 Dose schwarze Bohnen, Abtropfgewicht 250 g oder 100 g getrocknete schwarze Bohnen (100 g Trockengewischt)
- 4 Eier
- 10 Datteln (Medjool-Datteln), entsteint,
- 100 g Kakaopulver
- Xylit, nach Geschmack
- 2 TL Vanille, gemahlen
- 1 TL Natron
- 2 Prisen Meersalz
- 240 g Butter, weich
- 160 g Pekannüsse

Zubereitung:

1. Backofen auf 200 Grad vorheizen.
2. Die Bohnen in einem Sieb abtropfen lassen und dann pürieren.
3. Datteln etwas zerkleinern und zusammen mit den Eiern dazugeben und solange mixen bis eine glatte Masse entstanden ist.
4. Kakao, Xylit, Vanille, Natron, Salz und die weiche Butter dazugeben und glatt rühren.
5. Pekannüsse hacken und unterheben.
6. Die Masse in eine mit Backpapier ausgelegte Brownie Form geben und auf mittlerer Schiene ca. 40 Minuten backen. Der Brownie ist fertig, wenn er fest ist und die Oberfläche leicht reist.
7. Das Gebäck aus dem Ofen nehmen und auf einem Kuchengitter auskühlen lassen.

Schneekugeln

KH 29 g | Eiweiß 65 g | Fett 140 g

Zubereitungszeit: ca. 15 Minuten
Portionen: 2
Schwierigkeit: normal

Zutaten:
- 200 g Magerquark
- 200 g Kokosraspel
- 1 TL Zitronensaft
- 2 EL Eiweißpulver z. B. Whey Vanille
- 1 Prise Kokosblütenzucker
- Einige Mandeln oder zuckerfreier Schoko-Sirup

Zubereitung:

1. Quark zusammen mit den Kokosraspeln und dem Eiweißpulver in eine Schüssel geben und verrühren.
2. Zitrone halbieren, auspressen und etwas Saft dazugeben und mit Kokosblütenzucker abschmecken.
3. Kleine Kugeln formen und mit einer Mandel oder etwas Sirup füllen.
4. Zuletzt die Kugeln in Kokosraspeln wälzen.

Coco´s Cheesecake

KH 449 g | Eiweiß 182 g | Fett 225 g

Zubereitungszeit: ca. 75 Minuten
Portionen: 2
Schwierigkeit: normal

Zutaten:
  Für den Teig:
- 130 g Kokosmehl
- 50 g Erythrit oder nach Geschmack
- 8 Spritzer Xylit
- 130 g Butter
- 1 Msp. Vanillemark
- 2 Eier

  Für den Belag:
- 250 g Ricotta
- 400 g Kokosmilch
- 700 g Frischkäse
- 4 Eier
- 40 g Puddingpulver, (Vanille)
- 2 Msp. Vanillemark
- 250 g Süßstoff, (Erythrit oder Yacon-Sirup)
- 20 Spritzer Xylit
- 250 g Himbeeren, (TK)

Zubereitung:

1. Den Ofen auf 175 °C vorheizen.
2. Die Himbeeren auftauen lassen.
3. Erythrit mit der Butter aufkochen bis sich das Erythrit aufgelöst hat. Mit dem Kokosmehl vermischen, 2 Eier, Xylit und Vanille unterrühren und kurz abkühlen lassen. Eine Springform einfetten und den Teig darin gleichmäßig verteilen, dabei einen hohen Rand ziehen. Den Teig einstechen (mit einer Gabel) und fünf Minuten vorbacken.
4. Puddingpulver zusammen mit der Vanille und der Kokosmilch glatt rühren.
5. Den Rest der Kokosmilch in einen Topf geben und aufkochen, das angerührte Pulver zugeben und aufkochen lassen.

6. Das Erythrit einrühren bis es geschmolzen ist. Anschließend den Frischkäse mit dem Ricotta glatt rühren und zum Kokos Pudding geben, vermengen.
7. Danach die Eier einzeln unterrühren, Xylit dazugeben und verrühren. Möglichst wenig Luft in die Füllung einarbeitet werden, deshalb zum Rühren keinen Mixer verwenden. Es eignet sich ein Teigschaber zum Rühren.
8. Die Masse auf dem Boden verteilen. Die Himbeeren auftauen und gründlich abtropfen lassen, leicht zerdrücken. Löffelweise auf den Belag geben und mit einer Gabel marmorieren.
9. Den Kuchen ca. 70 Min. backen. Der Cheesecake ist fertig, wenn er leicht gebräunt ist.
10. Danach den Ofen ausschalten und den Kuchen im Ofen mindestens zwei Stunden auskühlen lassen. Dann im Kühlschrank durch kühlen lassen und erst am nächsten Tag anschneiden.

Hinweis: Falls der Kuchen zu schnell braun wird, mit Alufolie abdecken.

Hinweis: Erythrit hat keine Kalorien. Einige Menschen vertragen jedoch keine höheren Mengen Erythrit. Probieren Sie Erythrit erst in Kleinmengen um Ihre Verträglichkeit herauszufinden.

Tipp: Der Kuchen sollte erst am Folgetag angeschnitten werden.

Fruchtige Eis-Pops

KH 52 g | Eiweiß 7 g | Fett 64 g

Zubereitungszeit: ca. 15 Minuten
Portionen: 2
Schwierigkeit: einfach

Zutaten:
- ½ Avocado, reif
- 60 g Kokoscreme, fester Teil einer 400 ml Dose Kokosmilch
- 2 EL Ahornsirup
- 1 EL Limettensaft oder Zitronensaft
- 1 EL Kokoswasser, flüssiger Teil aus Kokosmilch-Dose

Für die Glasur:
- 20 g Chips (Choco-Chips) oder gehackte, dunkle Schokolade
- ½ TL Kokosöl
- Kokosraspeln zum Garnieren

Zubereitung:

1. Die Dose Kokosmilch für 1 – 2 Stunden in den Kühlschrank stellen, damit sich der feste Teil (Kokoscreme) besser absetzt.
2. Schale und Stein von der Avocado entfernen, halbieren, das Fruchtfleisch in eine Küchenmaschine geben.
3. Dose mit der Kokosmilch öffnen, den festen Teil mit einem Löffel abnehmen.
4. Die Kokoscreme zusammen mit Ahornsirup, Limettensaft und Kokoswasser ebenfalls in der Küchenmaschine geben und zu einer cremigen Masse pürieren.
5. Masse auf die Eisförmchen verteilen (es sollten keine Luftblasen drin sein). Anschließend die Stiele in die Creme stecken und das Eis in den Tiefkühler geben (Dauer mindestens 4 Stunden).
6. Das Kokosöl und die Choco-Chips im Wasserbad schmelzen. Das Eis am Stiel aus dem Gefrierfach nehmen und die Formen zum Herauslösen kurz unter heißes Wasser halten.
7. Eis aus der Form lösen und in die flüssige Schokolade tauchen. Anschließend mit Kokosraspeln bestreuen.
8. Das Eis gleich genießen oder zurück in den Tiefkühler stellen.

Hinweis: Wer keine Küchenmaschine hat, kann einen Stabmixer oder Standmixer verwenden.

Wenn sich beim Einfüllen der Creme in die Förmchen Luft bildet, kurz auf die Arbeitsplatte klopfen, dann sackt das Eis nach.

Tipp: Man kann das Eis auch einfach mit einem Löffel mit der Glasur nur verzieren.

Weihnachtlicher Bratapfel mit Marzipan

KH 88 g | Eiweiß 5 g | Fett 10 g

Zubereitungszeit: ca. 45 Minuten
Portionen: 2
Schwierigkeit: normal

Zutaten:
- 2 große Bio Äpfel
- 35 g Rosinen
- ½ EL Zitronensaft
- 80 ml Apfelsaft
- 40 g Marzipan, zuckerfrei
- ½ TL Zimt

Zubereitung:

1. Backofen auf 200 Grad Ober- und Unterhitze vorheizen.
2. Äpfel waschen und das Kernhaus entfernen (das geht am besten mit einem Apfelausstecher oder einem Teelöffel).
3. Einen Löffel Zitronensaft über die Äpfel träufeln. Apfelsaft (2 EL) in eine Schüssel geben und die Rosinen darin einweichen, etwas Zimt unterrühren. Den restlichen Apfelsaft mit 1 EL Zitronensaft mischen.
4. Marzipan zerkleinern und zusammen mit den eingeweichten Rosinen in die Äpfel verteilen.
5. Eine Auflaufform etwas einfetten und die Äpfel hineingeben.
6. Auflaufform auf ein Backblech stellen und die Äpfel mit der Apfelsaft-Zitronen-Mischung übergießen.
7. Die Bratäpfel für ca. 30 Minuten im Ofen backen.
8. Die Äpfel sind fertig, wenn die Schale leicht aufplatzt und die Äpfel weich sind.
9. Bratäpfel warm genießen, evtl. mit Vanillesoße garnieren.

Hinweis: Bratäpfel schmecken nicht nur zur Weihnachtszeit, sie sind auch für gemütliche Winterabende eine tolle Idee. Ein Rezept für Marzipan (zuckerfrei) gibt es ebenfalls in diesem Buch.

Zuckerfreier Marzipan

KH 37 g | Eiweiß 44 g | Fett 108 g

Zubereitungszeit: ca. 15 Minuten
Portionen: 2
Schwierigkeit: normal

Zutaten:
- 200g blanchierte Mandeln*
- 20g Rosenwasser oder normales Wasser
- 10 Tropfen Bittermandel-Aroma
- Xylit, nach Belieben

Zubereitung:

1. Zubereitung im Thermomix
2. Mandeln in den Mixtopf geben, Deckel mit Mixbecher auflegen und 10sec. / Stufe 10 fein mahlen.
3. Wasser oder Rosenwasser zusammen mit dem und Aroma hinzufügen und 10sec / Stufe 9 vermischen. Es sollte eine cremige Masse entstehen.
4. Die Masse aus dem Behälter nehmen, sorgfältig verkneten und in Frischhaltefolie einwickeln.
5. Die Marzipanmasse sollte im Kühlschrank aufbewahrt werden.

Hinweis: Auch als Snack für Zwischendurch oder unterwegs geeignet.

Tipp: Je feiner das Marzipan, desto besser der Geschmack. Wenn das Marzipan nicht fein genug ist, wird es krümelig.

Fruchtige Gummibärchen

KH 14 g | Eiweiß 23 g | Fett 0,1 g

Zubereitungszeit: ca. 15 Minuten
Portionen: 2
Schwierigkeit: normal

Zutaten:
- 1 Päckchen Gelatine, gemahlen
- 100 ml Saft (z. B. Trauben Direktsaft)

Zubereitung:

1. Benötigt wird eine Gummibärchen Form aus Silikon oder andere Silikonform (z. B. Herzen)
2. Zubereitung zuckerfreie Gummibärchen im Thermomix
3. Die Gelatine in einem kleinen Topf mit 6 EL Saft geben, umrühren, 5 Minuten quellen lassen.
4. 90 ml Saft zusammen mit der aufgelösten Gelatine in den Thermomix geben und 4 Minuten bei 50 Grad (Stufe 1.5) rühren.
5. Wichtig: Die Gelatine muss sich vollständig auflösen.
6. Nun die Masse in die Silikonform füllen.
7. Die Form zum Auskühlen für mehrere Stunden in den Kühlschrank stellen.

Hinweis für alle ohne Thermomix:
Wichtig ist bei der Zubereitung im Kochtopf: Der Saft darf nicht zu heiß werden und die Gelatine muss sich vollständig auflösen.

Kompott süß Sauer

KH 75 g | Eiweiß 3 g | Fett 0,7 g

Zubereitungszeit: ca. 25 Minuten
Portionen: 2
Schwierigkeit: normal

Zutaten:
- 100 g Rhabarber, klein geschnitten
- 100 g Ananas, kleine Streifen
- 60 g Rosinen
- 100 ml Apfelsaft
- 150 ml Wasser
- 12 g Puddingpulver, Vanille
- Zimt, optional
- Xylit oder Kokosblütenzucker
- Ingwer, nach Bedarf

Zubereitung:

1. Apfelsaft und Rosinen in einen Topf geben und ca. 10 Minuten kochen.
2. Rhabarber waschen und in mundgerechte Stücke schneiden, Ananas von der Schale und dem Strunk befreien und ebenfalls in kleine Stücke schneiden.
3. Zimt, Rhabarber und Ananas zufügen dazugeben, kurz aufkochen und mit etwas Wasser verdünnen. Puddingpulver mit Wasser anrühren und dazugeben, glatt rühren. Mit Xylit oder Kokosblütenzucker abschmecken.
4. In Schalen füllen und abkühlen lassen.

Tipp: Dazu schmeckt Vanillesoße oder Schlagsahne.

Struwelpeter Kokos Eis

KH 15 g | Eiweiß g | Fett 17 g

Zubereitungszeit: ca. 20 Minuten
Portionen: 2
Schwierigkeit: normal

Zutaten:
- 130 ml Kokosmilch, Dose oder Tetra Pak
- 130 ml Kokosmilch, fettreduziert, alternativ normale Kokosmilch
- Xylit, nach Belieben
- Vanilleextrakt, nach Geschmack
- 10 g Kokosmehl

Zubereitung:

1. Die Kokosmilch Dosen über Nacht in den Kühlschrank stellen. Die vollfette Kokosmilch Dose umdrehen und öffnen. Den flüssigen Teil in ein Gefäß füllen.
2. Den festen Teil der Kokosmilch in eine Schüssel geben. Inhalt der fettreduzierten Kokosmilch Dose dazugeben. Xylit, Vanille (gemahlen) und Vanilleextrakt hinzufügen und die Masse ca. 10 Minuten mit dem Mixer cremig aufschlagen.
3. Anschließend das Kokosmehl dazugeben und noch einmal mixen, so bekommt die Masse eine bessere Bindung.
4. Die Creme in ein Gefäß für den Gefrierschrank geben (Alternativ eine Schüssel verwenden), abdecken und 4 Stunden gefrieren.
5. Die Eiscreme sollte regelmäßig umgerührt werden, dann bleibt sie cremig.
6. Vor dem Servieren das Eis aus dem Tiefkühler nehmen und antauen lassen (Ca. 15 Minuten), dann lässt es sich gut portionieren.

Hinweis: Den flüssigen Teil der Kokosmilch nicht wegschütten, er eignet sich ideal für Smoothies oder auch zum Kochen.

Peanuts-Schoko-Pudding

KH 150 g | Eiweiß 150 g | Fett 25 g

Zubereitungszeit: ca. 15 Minuten
Portionen: 2
Schwierigkeit: normal

Zutaten:
- 500 ml Pflanzen Drink z. B. Hafer Drink
- 6 EL Speisestärke
- 4 EL Kakao, dunkel
- 2 ½ EL Xylit
- 2 EL Erdnussbutter, stückig

Zubereitung:

1. 125 ml Hafer Drink, Speisestärke, Kakao, Xylit, und Erdnussbutter in einen Topf geben und mit dem Mixer zu einer glatten Masse verarbeiten.
2. Den Rest vom Hafer Drink dazugeben und aufkochen lassen. Dabei ständig rühren, damit keine Klümpchen entstehen.
3. Sobald der Pudding dick wird, ist er fertig, vom Herd nehmen und in Schälchen füllen.

Tipp: Dazu passt Schlagsahne oder Obst.

Turbo Schoko-Pudding

KH 38 g | Eiweiß 12 g | Fett 7 g

Zubereitungszeit: ca. 15 Minuten
Portionen: 2
Schwierigkeit: einfach

Zutaten:
- 250 ml Milch, 1,5 oder 3,5 %
- 1 ½ EL Kakaopulver
- 25 g Xylit
- 1 ½ TL Johannisbrotkernmehl

Zubereitung:

1. Kakao und Johannisbrotkernmehl in 50 ml Milch einrühren.
2. Die restliche Milch zusammen mit dem Xylit aufkochen.
3. Kurz bevor die Milch kocht die angerührten Zutaten in die Milch geben und kräftig rühren bis die Flüssigkeit kocht.
4. Einmal richtig aufkochen, dann unter ständigem weiterrühren vom Herd nehmen.
5. Der Pudding schmeckt sowohl warm als auch kalt sehr gut.

Hinweis: Johannisbrotkernmehl erhält man in Reformhäusern, Bio-Läden und im Internet.

Orient-Power-Riegel

KH 271 g | Eiweiß 58 g | Fett 139 g

Zubereitungszeit: ca. 45 Minuten
Portionen: 25 Stück
Schwierigkeit: normal

Zutaten:
- 600 g Feigen, getrocknete
- 250 g Datteln oder Rosinen
- 60 g Pistazien oder Walnüsse
- 80 g Cashewkerne
- 80 g Mandeln
- 8 Kardamomkapsel, grün
- 2 TL neutrales Pflanzenöl z. B. Sonnenblumenöl oder Kokosfett

Zubereitung:

1. Feigen 5–6 Minuten in einem Topf mit heißem Wasser einweichen, dabei sollten die Feigen gut mit Wasser bedeckt sein. Anschließend die Feigen in einen Mixer geben und pürieren.
2. In einen Topf sollte dann das Öl oder Pflanzenfett bei mittlerer Hitze geschmolzen werden. Die pürierten Feigen zum Öl geben und bei schwacher Hitze etwa 4–5 Minuten, unter ständigem Rühren, köcheln.
3. In der Zwischenzeit Datteln, Cashewkerne, Mandeln und Pistazien hacken.
4. Etwas abkühlen lassen, dann fügen Sie die Datteln, Pistazien, Mandeln und Cashewnüsse hinzu.
5. Kardamom Kapseln mahlen (oder gemahlene verwenden) und zum Schluss hinzu und vermischen alles gut mit einem Löffel oder mit den Händen.
6. Anschließend eine viereckige Form mit Backpapier auslegen und mit Öl einpinseln, die verhindert das Ankleben.
7. Nun den Teig in die vorbereitete Form geben und die Oberfläche glatt streichen und fest andrücken.
8. Zu guter Letzt schneiden Sie die Masse in Quadrate, Rauten oder Rechtecke.

Cremige Schoko-Bananen-Stückchen

KH 75 g | Eiweiß 17 g | Fett 129 g

Zubereitungszeit: ca. 15 Minuten
Portionen: 2
Schwierigkeit: normal

Zutaten:
- 100 g Kokosöl oder Kakaobutter
- 2 Bio Bananen, reif, (100 g)
- 2 EL Mandelmus oder anderes Nuss Mus
- 40 g Carob oder Rohkakaopulver
- Zimt, optional
- 2 Prisen Meersalz
- Nüsse, fein gehackt, z. B. Pecan, Pistazien, nach Belieben
- Beeren, z. B. Cranberrys, Soft-Gojis, nach Geschmack

Zubereitung:

1. Ein Topf mit Wasser erhitzen, um ein Wasserbad vorzubereiten, in einen weiteren Topf das Kokosfett geben und über dem Wasserbad schmelzen, dabei ab und zu umrühren.
2. Die Nüsse und Beeren fein hacken und beiseitestellen.
3. Wenn das Kokosöl (oder die Kakaobutter) geschmolzen ist, dieses mit der Banane (Zimmertemperatur) pürieren.
4. Mandelmus, Carob, Zimt und Salz dazu geben und alles kräftig verrühren.
5. Eine Form von 10 x 15 cm mit Backpapier auslegen, die Masse in die vorbereitete Form gießen und nach Belieben mit Nüssen und getrockneten Beeren bestreuen.
6. Die Form n den Tiefkühler stellen und ca. nach 30 Minuten kühlen. Eine andere Möglichkeit ist, die Masse im Kühlschrank zu kühlen (Kühlzeit etwa 2 Stunden).
7. Das übrig gebliebene Konfekt sollte im Kühlschrank oder im Gefrierfach gelagert werden.

Tipp: Bananen machen das Konfekt wirklich sehr weich und cremig, wem das zu weich sein sollte, der kann weniger Banane verwenden und dafür den Anteil Nussmus erhöhen

Leckerer Milchreis

KH 133 g | Eiweiß 13 g | Fett 12 g

Zubereitungszeit: ca. 30 Minuten
Portionen: 2
Schwierigkeit: einfach

Zutaten:
- 200 ml Milch-Reis
- 800 ml Reis Drink oder Hafer Drink, ungesüßt
- 2 kleine Bio Äpfel, säuerlich
- Zimtpulver, optional
- Xylit, nach Belieben

Zubereitung:

1. Reis Drink in einen Topf geben und den Reis zufügen
2. Äpfel waschen, schälen, Kerne entfernen und in kleine Stücke schneiden und alles kurz aufkochen.
3. Die Hitze reduzieren (schwache Hitze) und den Milchreis ohne Deckel köcheln lassen (Dauer 20–25 Minuten). Kurz vor Ende der Garzeit abschmecken und bei Bedarf etwas Xylit dazugeben.
4. Auf Teller geben und mit Zimt und wer mag, etwas Kakaopulver (zuckerfrei) bestreuen.

Hinweis: Ein Topf mit 1 Liter Inhalt ist ausreichend.

Tipp: Reis Drink lässt sich auch gut durch Mandel- oder Hafer Drink ersetzten.

Helden Schoko-Nuss-Drink

KH 91 g | Eiweiß 19 g | Fett 28 g

Zubereitungszeit: ca. 5 Minuten
Portionen: 2
Schwierigkeit: einfach

Zutaten:
- 2 Bio Bananen
- 2 Handvoll Cashewkerne und Mandeln, gemischt
- 2 EL Kakaopulver, ungesüßt
- 4 Datteln
- 2 Prisen Meersalz
- 500 ml Wasser

Zubereitung:

1. Bananen schälen und in Stücke schneiden, zusammen mit Cashewkernen und Mandeln, Kakao, Datteln, Meersalz und Wasser in einen Hochleistungsmixer geben und kräftig mixen bis die gewünschte Konsistenz erreicht ist.

Hinweis: Wer einen Stabmixer mit Nussmilch Funktion hat, kann auch diesen verwenden.
Für alle anderen empfiehlt es sich die Mandeln und Cashewkerne am Abend vorher einzuweichen.

Tipp: Wer keine Banane mag, lässt sie einfach weg. Nussmilch ist sehr sättigend und gesund.

Zuckerfreier Schoko-Nuss-Aufstrich

KH 163 g | Eiweiß g | Fett 276 g

Zubereitungszeit: ca. 25 Minuten
Portionen: 2
Schwierigkeit: normal

Zutaten:
- 400 g Haselnüsse
- 200 g Soft-Datteln
- 200 ml Mandel Drink oder Haselnuss Drink oder Hafer Drink
- 6 EL Kakaopulver, zuckerfrei
- Vanille Pulver, nach Belieben

Zubereitung:

2. Backofen auf 180 Grad (Umluft) vorheizen.
3. Die Haselnüsse auf einem Backblech verteilen und ca.10 Minuten im vorgeheizten Ofen rösten. Abkühlen lassen und dann in einen Hochleistungsmixer geben. Die Haselnüsse sehr fein mahlen.
4. Die Datteln zerkleinern, in einem kleinen Gefäß geben und mit dem Pürierstab pürieren bis ein Mus entstanden ist.
5. Das Dattelmus, 3 EL Kakaopulver und etwas Vanille zu den Haselnüssen in den Mixer geben und mixen.
6. Während des Mixens Mandel Drink dazugeben und solange mixen bis er die gewünschte Konsistenz hat.
7. Den Aufstrich in Gläser füllen und im Kühlschrank aufbewahren.

Hinweis: Der Schoko Aufstrich ist im Kühlschrank ca. 1–2 Wochen haltbar.

Power Balls ohne Zucker

KH 357 g | Eiweiß 131 g | Fett 484 g

Zubereitungszeit: ca. 20 Minuten
Portionen: 2-4
Schwierigkeit: normal

Zutaten:
- 400 g Datteln ohne Stein
- 250 g Cashewkerne
- 200 g Walnusskerne
- 150 g Paranüsse
- 200 g Kokosraspel
- 2 TL Zimt, optional
- 2 Prisen Vanille, gemahlen
- 4 TL Kakaopulver, zuckerfrei
- Xylit, nach Belieben
- Kokosraspel zum Wälzen, optional

Zubereitung:

1. Die Datteln mit kochendem Wasser übergießen, 5 Minuten einweichen, anschließend in einem Sieb geben und abtropfen lassen.
2. Datteln in einen Hochleistungsmixer geben und kräftig mixen lassen. Wenn die Datteln schon gut vermixt sind, Cashewkerne, Walnüsse, Paranüsse, Kokosraspeln, Zimt, Vanille, Kakao dazugeben und so lange mixen, bis eine formbare Masse entstanden ist.
3. Mit den Händen aus dem Teig kleine Kugeln formen und in Kokosraspeln wälzen. Wer keine Kokosraspeln mag, kann sie auch weglassen.
4. Die fertigen Kugeln in den Kühlschrank stellen und gekühlt genießen.

Hinweis: Falls der Teig sich schlecht formen lässt noch etwas Nussmus dazugeben.

Zauber Kokos Pralinen

KH 154 g | Eiweiß g | Fett 384 g

Zubereitungszeit: ca. 20 Minuten
Portionen: 2 = 30 Stück
Schwierigkeit: normal

Zutaten:
- 400 g Sahne
- 200 g Kokos Mus
- 100 g Xylit
- Reissirup, nach Belieben
- 300 g Kokosraspel, fein

Zubereitung:

1. Sahne, Kokos Mus, Xylit in einem kleinen Topf erwärmen, bis alles geschmolzen ist. Die Hälfte von den Kokosraspeln in die heiße Masse rühren und bei Bedarf mit etwas Reissirup abschmecken. Alternativ kann man auch etwas Dattel Sirup verwenden.
2. Eine Kastenform mit Frischhaltefolie auslegen und die Masse einfüllen.
3. Form in den Kühlschrank geben und über Nacht durch kühlen lassen. Die Masse sollte gut zu schneiden sein, aber dennoch fest.
4. Die gut gekühlte Kokos Masse aus der Form nehmen und in die gewünschte Form (z. B. Rechtecke) schneiden. Jedes Teil in den restlichen Kokosraspeln wenden.
5. Kokos Pralinen müssen im Kühlschrank aufbewahrt werden.

Himmlische Pfannkuchen

KH 187 g | Eiweiß 36 g | Fett 18 g

Zubereitungszeit: ca. 20 Minuten
Portionen: 2 ca. 8 Stück
Schwierigkeit: einfach

Zutaten:
- 2 Bio Bananen
- 2 Bio Äpfel, groß
- 2 Eier
- 8 EL Vollkornmehl
- 1 TL Natron
- etwas Rapsöl oder Sonnenblumenöl zum Braten
- 10 EL Blaubeeren
- Zitronenabrieb, nach Belieben
- Zimtpulver, optional

Zubereitung:

1. Die Bananen schälen und mit einer Gabel fein zerdrücken. Die Äpfel waschen, Kerne entfernen und grob reiben.
2. Eier, zusammen mit den Bananen und geriebenen Äpfeln in eine Schüssel geben und gut verrühren.
3. Wer mag, kann den Teig nun mit etwas Zitronenabrieb und Zimt abschmecken, das Vollkornmehl und Natron mischen in die Masse geben und glatt rühren.
4. Etwas Fett in eine Pfanne geben und erhitzen. Mit einem Löffel oder einer kleinen Kelle den Teig in die Pfanne geben und verteilen. Solange der Teig noch flüssig ist, mit den Blaubeeren belegen.
5. Die Pfannkuchen sollen bei schwacher Hitze gebacken werden.
6. Deckel auf die Pfanne geben und die Pfannkuchen stocken lassen. Sobald die Pfannkuchen gestockt sind, wenden.

Hinweis: Man sollte darauf achten, dass die Pfanne nicht zu heiß wird, da die Pfannkuchen langsam gebacken werden.

Tipp: Zu den Pfannkuchen frisches Obst, Joghurt, Mango-Apfelmus oder Kokosflocken reichen. Die Pfannkuchen schmecken an heißen Tagen auch kalt sehr gut.

Leckeres Schoko Eis

KH 156 g | Eiweiß 44 g | Fett 78 g

Zubereitungszeit: ca. 18 Minuten
Portionen: 2
Schwierigkeit: einfach

Zutaten:
- 4 Bio Bananen
- 150 g Cashewkerne
- Wasser zum Einweichen
- 2 EL Kakaopulver
- ½ Vanilleschote, davon das Mark

Zubereitung:

1. Die Bananen schälen, in ca. 1 cm dicke Scheiben schneiden und in einem Gefrierbeutel geben (die Scheiben sollten locker im Gefrierbeutel liegen). Im Tiefkühlschrank 8 Stunden gefrieren lassen.
2. Cashewkerne in eine Schüssel mit Wasser geben (Kerne sollte bedeckt sein) und für ca. 2 Stunden einweichen.
3. Das Wasser abgießen und die Kerne in den Mixer geben und pürieren, wenn nötig etwas Wasser dazugeben.
4. Die gefrorenen Bananen, Vanillemark und Kakao dazugeben und solange mixen bis eine cremige Masse entstanden ist.
5. Sofort servieren.

Hinweis: Bei diesem Rezept ist eine leistungsstarke Küchenmaschine gefragt. Falls die Creme zu weich geworden ist, noch einmal für ca. 20 Minuten in den Gefrierschrank geben.

Tipp: Wer mag, kann Orangenfilets dazu geben oder das Eis mit etwas Chili oder Zimt verfeinern.

Das Eis ist durch die Bananen schon süß, wer es aber noch süßer mag, püriert zusätzlich 2 Datteln mit.

Saftiger Karotten Kuchen

KH 509 g | Eiweiß 173 g | Fett 585 g

Zubereitungszeit: ca. 70 Minuten
Portionen: 2
Schwierigkeit: normal

Zutaten:
- 600 g Bio Karotten
- 100 g Mandeln, gemahlen
- 500 g Haselnüsse, gemahlen
- 400 g Soft-Datteln
- 12 Eier
- 200 g Butter
- 1 Bio Zitrone
- etwas Zimtpulver (Ceylon-Zimt)
- etwas Ingwer, gemahlen
- ½ Vanilleschote, davon das Mark
- 200 g Vollkornmehl
- 4 TL Natron
- etwas Butter für die Form
- 4 EL (gehäuft) Semmelbrösel für die Form

Zubereitung:

1. Backofen auf 175 °C (Umluft) vorheizen
2. Karotten waschen, schälen und reiben. Zusammen mit den Mandeln und Haselnüssen in eine Schüssel geben.
3. Eigelb vom Eiweiß trennen. Das Eiweiß steif schlagen und das Eigelb mit den Datteln in eine Küchenmaschine geben.
4. Eigelb und Datteln solange rühren bis eine Paste entsteht.
5. Langsam die Butter in Stückchen unterrühren.
6. Zitronenabrieb herstellen und zusammen mit dem Zimt, Ingwer sowie dem Vanillemark dazugeben und gut verrühren.
7. Die Eigelb-Dattel-Paste unter die Karotten mischen.
8. Anschließend das Vollkornmehl mit dem Natron mischen und zu den Karotten geben und ebenfalls unterrühren.
9. Zum Schluss das steifgeschlagene Eiweiß vorsichtig unterheben.

10. Die Backform mit etwas Butter einfetten und mit Semmelbrösel ausstreuen. Oder, die Backform mit Backpapier auslegen.
11. Den Teig in die Form füllen und auf mittlerer Schiene (ca. 30 – 50 Minuten, je nach Größe der Backform) backen
12. Mit einem Holzspieß die Garprobe machen. Den Kuchen in der Form auskühlen lassen.

Es ist besser keine Silikonform für diesen Kuchen zu verwenden, da er sehr saftig ist.

TIPP: Dazu passen verschiedene Toppings.

Fruchtige Zitronenkekse

KH 641 g | Eiweiß 110 g | Fett 274 g

Zubereitungszeit: ca. 30 Minuten
Portionen: 2
Schwierigkeit: einfach

Zutaten:
- 400 g Soft-Datteln
- 2 Eier
- 600 g Vollkornmehl
- 2 Bio Zitronen, Abrieb davon
- 300 g kalte Butter

Zubereitung:

1. Datteln zusammen mit dem Ei in einer Küchenmaschine fein hacken. Das Ei wird dadurch auch cremig.
2. Zitronen waschen und mit einer Reibe Zitronenabrieb herstellen, die kalte Butter in kleine Stücke zerteilen.
3. Das Vollkornmehl, den Abrieb der Zitronen und die kalte Butter, in die Küchenmaschine geben und so lange kneten, bis sich ein Klumpen bildet.
4. Teig in einen Gefrierbeutel geben, flach drücken (ca. 3 cm). Anschließend im Kühlschrank ruhen lassen.
5. Backofen vorheizen, Ober- und Unterhitze (180 Grad).
6. Backpapier auf 2 Bleche geben. Den Teig ausrollen (ca. 1 cm dick). Kekse ausstechen oder schneiden und auf die Backbleche legen. Im Ofen ca. 10 Minuten backen, die Kekse sind dann noch etwas weich in der Mitte, ziehen aber noch nach.

Hinweis: Umso dünner der Teig ausgerollt wird, umso knuspriger werden die Kekse.

Tipp: Wer mag, kann dem Teig noch ein bisschen Ingwerpulver zufügen.

Tuttifrutti Zappel Pudding

KH 308 g | Eiweiß 29,3 g | Fett 1,3 g

Zubereitungszeit: ca. 20 Minuten
Portionen: 2
Schwierigkeit: einfach

Zutaten:
- 80 g Erdbeeren
- 50 g Blaubeeren
- 250 ml Fruchtsaft (z. B. Apfel, Traube, Blaubeere etc.)
- etwas Zitronensaft
- 3 Blatt Gelatine (o. Agar-Agar)

Zubereitung:

1. Erdbeeren waschen und klein schneiden.
2. Die Gelatine mit ca. 50 ml Fruchtsaft kräftig verrühren und quellen lassen.
3. Anschließend den Fruchtsaft zugeben und alles aufkochen.
4. Blaubeeren waschen und zusammen mit den Erdbeeren auf die Dessertschalen verteilen.
5. Danach noch den Zitronensaft in die Saft-Mischung geben und über die Beeren verteilen.
6. Das Dessert zum Festwerden in den Kühlschrank stellen (mehrere Stunden).

TIPP: Wer keine Beeren mag, kann natürlich andere Früchte verwenden. Dazu passt Vanillesauce.

Mango Pudding mit Chia Samen

KH 35 g | Eiweiß 9 g | Fett 16 g

Zubereitungszeit: ca. 20 Minuten
Portionen: 2
Schwierigkeit: normal

Zutaten:
- 1 Bio Mango
- 190 ml Kokosmilch
- 65 ml Mandel Drink, ungesüßt
- 35 g Chia Samen
- ½ TL Ahornsirup
- Vanille, nach Belieben

Zubereitung:

1. Kokosmilch, Mandel Drink, Ahornsirup und Vanille in ein hohes Gefäß geben und kurz verrühren. Chia Samen in die Milchmischung geben und mithilfe eines Schneebesens sehr gut verrühren.
2. Pudding in Schälchen füllen und für 20 Minuten quellen lassen, zwischendurch immer mal wieder umrühren, dann können sich die Samen besser verteilen.
3. In der Zwischenzeit die Mangos schälen, in grobe Stücke schneiden und mit dem Pürierstab fein pürieren.
4. Der Chia Pudding sollte eine cremige Konsistenz bekommen, dann die Mango als cremiges Topping auf den Pudding verteilen.

Smoothie Eis

KH 49 g | Eiweiß 49 g | Fett 0 g

Zubereitungszeit: ca. 6 Minuten
Portionen: 6 Stück
Schwierigkeit: einfach

Zutaten:
- 200 ml Erdbeere-Brombeere--Smoothie
- 200 ml Mango-Maracuja-Smoothie

Zubereitung:

1. Erdbeere-Brombeere-Smoothie in 6 Eisbehälter für Stiel Eis füllen. Holzstiele in die Behälter geben.
2. In den Gefrierschrank stellen und ca. 30 Minuten gefrieren lassen.
3. Den Behälter aus dem Gefrierschrank nehmen den Mango-Maracuja-Smoothie einfüllen und wieder in den Tiefkühler geben (2-3 Stunden) durchfrieren lassen.
4. Eisbehälter kurz unter heißes fließendes Wasser halten, das Eis herauslösen und sofort servieren.

Tipp: Natürlich kann man auch andere Smoothie Sorten verwenden. Hier ist der Vorteil, er ist in Rot und Gelb auch ein Hingucker.

Joghurt Pfirsich Maracuja Eis

KH 86 g | Eiweiß 16,4 g | Fett 41 g

Zubereitungszeit: ca. 30 Minuten
Portionen: 2
Schwierigkeit: einfach

Zutaten:
- 2 Becher Joghurt (Sahne-Joghurt und 1 Frucht Joghurt)
- 1 Becher Schlagsahne
- 2 TL Ahornsirup
- 1 Baiser

Zubereitung:

1. Sahne in eine Schüssel geben und mit dem Mixer steif schlagen, zusammen mit dem Joghurt und dem Agavendicksaft in die Eismaschine geben und gefrieren lassen.
2. In der Zwischenzeit das Baiser zerbröseln, wenn das Eis cremig wird, Baiser kurz unterrühren.
3. Eis in Schälchen geben und servieren, den Rest im Tiefkühler aufbewahren.

Tipp: Anstelle von Frucht Joghurts, kann natürlich der Lieblingsjoghurt verwendet werden.
Ich persönlich mag frische klein geschnittene Früchte mit purem Joghurt.

Wenn kein Agavendicksaft zur Verfügung steht, kann man zum Süßen auch Xylit verwenden.

Fruchteis Highlight

KH 25 g | Eiweiß 1,5 g | Fett 0,9 g

Zubereitungszeit: ca. 25 Minuten
Portionen: 4 Stück
Schwierigkeit: normal

Zutaten:
- 60 g Beeren (z. B. Blaubeeren, Himbeeren und Erdbeeren)
- 1 kleine Kiwi
- 250 ml Kokoswasser

Zubereitung:

1. Beeren oder andere Früchte waschen, putzen und in kleine Stücke schneiden, Kiwi von der Schale befreien und ebenfalls klein schneiden.
2. Kokoswasser zu den Früchten geben und in die Eis Form füllen.
3. Die Form für ca. 20 Minuten in den Gefrierschrank stellen zum Anfrieren, die Stiele hinzufügen und wieder in den Gefrierschrank geben bis das Eis gefroren ist.

Tipp: Es können natürlich auch andere Früchte genommen werden.

Lucuma Eistraum

KH 38 g | Eiweiß 18 g | Fett 38 g

Zubereitungszeit: ca.20 Minuten
Portionen: 2
Schwierigkeit: einfach

Zutaten:
- ½ Tasse Lucumapulver
- 1 Tasse Cashewkerne
- 1 EL Vanille Pulver oder nach Geschmack
- ¼ Tasse Kokoswasser
- 1 Tasse Wasser
- 1 Prise Salz

Zubereitung:

1. Cashewkerne in warmes Wasser einweichen (ca. 2 Stunden).
2. Die Cashewkerne abgießen und zusammen mit allen anderen Zutaten in einen Hochleistungsmixer geben und solange mixen bis eine feine Konsistenz erreicht ist.
3. In die Eismaschine füllen oder in Eisbehälter und in das Gefrierfach stellen.
4. Im Gefrierfach muss das Eis ab und zu umgerührt werden, damit es cremig bleibt.

4. Rezepte Fingerfood

Knusper-Kugeln

KH 76 g | Eiweiß 32 g | Fett 79 g

Zubereitungszeit: ca. 20 Minuten
Portionen: 20 Kugeln
Schwierigkeit: normal

Zutaten:
- 40 g Amaranth, gepufft
- 70 g Cashew-Mus
- 70 g Haselnuss-Mus
- 30 g Yaconsirup oder Xylit
- 3 EL Wasser
- ½ TL Vanille Pulver
- 1 Prise Meersalz

Zubereitung:

1. Amaranth, Cashew-Mus, Haselnuss-Mus, Xylit, Wasser, Vanille und eine Prise Meersalz in eine Schüssel geben und gleichmäßig vermischen.
2. Anschließend ca. 20 Kugeln (Größe einer Walnuss) formen, einen Teller mit Backpapier auslegen und die Kugel darauflegen.
3. Den Teller mit den Kugeln ca. 10 Minuten in das Tiefkühlfach geben.

Hinweis: Die Kugeln sollten gekühlt aufbewahrt werden.

Knusprige Avocado Sticks

KH 79 g | Eiweiß 47 g | Fett 145 g

Zubereitungszeit: ca. 25 Minuten
Portionen: 2-3
Schwierigkeit: einfach

Zutaten:
- 2 Avocados
- 1 Ei, leicht geschlagen
- 1 TL Sojasoße, hell
- ¼ Tasse Vollkornmehl
- 1 Tasse Mandeln, grob gemahlen
- Öl
- Zum Dippen:
- Sojasoße, süß

Zubereitung:

1. Backofen auf 200 °C (Umluft) vorheizen. Backblech mit Backpapier bedecken.
2. Avocados von Kern und Schale befreien. Danach in 8 Spalten schneiden.
3. Das Ei mit der Sojasoße vermischen. Avocado vorsichtig in Vollkornmehl wenden, danach in die Ei-Mischung tauchen.
4. Zuletzt in den gemahlenen Mandeln wenden.
5. Die Avocado auf das vorbereitete Backblech geben, mit wenig Öl beträufeln und knusprig Backen (ca. 15 Minuten).
1. Avocado Sticks auf das Backblech geben, mit etwas Öl beträufeln und in 15 Minuten knusprig Backen.

TIPP: Wer gern einen Dip mag, kann süße Sojasoße dazu nehmen.
Die Avocado schmeckt aber auch sehr gut ohne Dip.

Freche Corn Dogs

KH 186 g | Eiweiß 63 g | Fett 94 g

Zubereitungszeit: ca. Minuten
Portionen: 2
Schwierigkeit: normal

Zutaten:
- 100 g Vollkornmehl
- 100 g Maismehl
- 1 EL Kokosblütenzucker
- 1 TL Meersalz
- 1 TL Cayennepfeffer
- Backpulver, etwas mehr als 1/2 Päckchen
- 2 Eier, Größe M
- 50 ml Öl
- 200 ml Milch
- 1 Glas Würstchen
- Außerdem:
- 2 Liter Öl zum Frittieren
- 1 EL Vollkornmehl zum Bestäuben

Zubereitung:

1. Vollkornmehl, Maismehl, Kokosblütenzucker, Meersalz, Cayenne Pfeffer und Backpulver in eine Schüssel geben und gut mischen.
2. In ein hohes Gefäß Ei, Öl und Milch geben und gut verrühren.
3. Die flüssigen Zutaten zu den festen geben und zu einem glatten, dickflüssigen Teig verarbeiten.
4. Teig in ein hohes, schmales Glas umfüllen.
5. Einen Topf mit Öl zum Frittieren erhitzen.
6. Die Würstchen in der Zwischenzeit abtropfen lassen, mit etwas Küchenpapier abtrocknen, halbieren und mit Mehl bestäuben, damit der Teig hält.
7. Nun die bemehlten Würstchen auf lange Holzspieße aufspießen und in das Glas mit dem Teig geben, bis die Wurst gleichmäßig von Teig umhüllt ist, eventuell leicht drehen um damit der Teig an allen Seiten gleich dick ist.
8. Den Spieß vorsichtig in das Öl halten (ca. 3 Minuten) und zu Beginn etwas drehen, bis der Teig goldbraun ist. Nach einer Weile ist das Öl so heiß, das die Würstchen in 1–2 Minuten gar sind.

Hinweis: Die perfekte Hitze ist erreicht, wenn man einen Holzkochlöffel auf den Topfboden drückt und Bläschen nach oben steigen.

Tipp: Dazu kann man Dips in verschieden Varianten und einen Bunten gemischten Salat servieren.

Spieße Rot-Weiß

KH 6 g | Eiweiß 25 g | Fett 61 g

Zubereitungszeit: ca. 15 Minuten
Portionen: 2
Schwierigkeit: einfach

Zutaten:
- 170 g kleine Bio Tomaten, z. B. Kirschtomaten
- 85 g Mini-Mozzarella Kugeln
- 1/2 Bund Basilikum
- 1 TL Pesto alla Genovese
- 1 EL Essig (Himbeeressig oder Weißweinessig)
- 2 EL Olivenöl, extra vergine
- Meersalz und schwarzer Pfeffer

Zubereitung:
1. Pesto, Essig, Öl, Meersalz und Pfeffer zu einer Marinade verrühren.
2. Mozzarella in ein Sieb geben und abtropfen, danach in die Marinade legen und über Nacht ziehen lassen.
3. Die Tomaten und das Basilikum waschen und trocknen. Anschließend die Blätter vom Basilikum abzupfen.
4. Je eine Tomate, Basilikum Blatt, Mozzarella Kugel, Basilikum Blatt und wieder eine Tomate auf einen kleinen Spieß oder Zahnstocher stecken.
5. Die fertigen Spieße auf einem Teller anrichten und mit dem Rest der Marinade beträufeln.

Herzhafte Crêpes Italiana

KH 27 g | Eiweiß 37 g | Fett 32g

Zubereitungszeit: ca. 15 Minuten
Portionen: 2
Schwierigkeit: normal

Zutaten:
- 125 g Hähnchenbrustfilet
- etwas Meersalz und schwarzer Pfeffer
- Chili oder Cayenne Pfeffer, nach Belieben
- 1 EL Öl
- 2 TL Pesto
- 1 EL saure Sahne
- 2 Crêpes

Zubereitung:

1. Die Hähnchenbrust in mundgerechte Stücke schneiden, das Fleisch mit Salz, Pfeffer und wer mag, mit Chili würzen.
2. Eine Pfanne mit Öl erhitzen und das Fleisch darin knusprig braten.
3. Saure Sahne mit Pesto gut verrühren und auf jeweils die Hälfte der Crêpes streichen.
4. Fleisch auf das Pesto verteilen, die Crêpes halbieren. Dann die Crêpes einrollen und mit Holzspießen fixieren, sodass die Crêpes zusammenhalten.
5. Nun die Rollen in Stücke schneiden.

Brotwürfel Snack Black & White

KH 81 g | Eiweiß 34 g | Fett 7 g

Zubereitungszeit: ca. 15 Minuten
Portionen: 2
Schwierigkeit: einfach

Zutaten:
- 2 Bio Karotten, 100 g
- 1 kleine Bio Zitrone
- 1 TL Xylit
- Meersalz und schwarzer Pfeffer
- 1 Bund Schnittlauch
- 200 g körniger Frischkäse
- 2 Scheibe Schwarzbrot (quadratisch; 45 g)
- 2 Scheibe Vollkorn Toastbrot (quadratisch; 30 g)

Zubereitung:

1. Karotten waschen, putzen, schälen und in eine Schüssel mit einer Reibe raspeln.
2. Die Vollkorntoast und Schwarzbrot Scheiben mit etwas Frischkäse bestreichen.
3. Zitrone halbieren und auspressen. 1 TL vom Zitronensaft mit Xylit, Meersalz und Pfeffer verrühren und mit den Karotten mischen.
4. Schnittlauch waschen, trocknen, und in feine Röllchen zerteilen.
5. Den restlichen Frischkäse mit dem Schnittlauch mischen.
6. Das Schwarzbrot mit der Käsemischung bestreichen, das Vollkorn Toastbrot darauflegen und leicht andrücken
7. Das entstandene Sandwich mit einem scharfen Messer in gleichgroße Würfel schneiden.

Hinweis: Für eine Party die Brotwürfel mit bunten Spießen verzieren.

Tipp: Dieser Snack eignet sich auch gut für die Lunch Box.

Flotte Käse-Pinguine

KH 12 g | Eiweiß 5 g | Fett 16 g

Zubereitungszeit: ca. 10 Minuten
Portionen: 10 Stück
Schwierigkeit: normal

Zutaten:
- 20 schwarze Oliven ohne Kern
- 1 Bio Karotte
- 2 EL Frischkäse
- 10 Zahnstocher

Zubereitung:

1. Karotte waschen, putzen, bei Bedarf schälen und in 5 mm dicke Scheiben schneiden. Die Scheiben in Dreiecke zurechtschneiden. Dies werden die Schnäbel und Füße der Pinguine.
2. Einen Teil der Oliven mit Frischkäse füllen.
3. In die anderen Oliven waagerecht einen kleinen Schnitt machen und den Schnabel hineinstecken.
4. Nun den Zahnstocher in die Karotten Füße stecken, gefüllte Frischkäseolive und dann den Kopf mit Schnabel daraufsetzen

Tipp: Wer will, kann den Frischkäse vor dem Füllen der Oliven noch mit etwas Pfeffer oder Chili würzen.

Beeren Sushi

KH 89 g | Eiweiß 22 g | Fett 20 g

Zubereitungszeit: ca. 50 Minuten
Portionen: 2
Schwierigkeit: einfach

Zutaten:
- 125 g Milchreis
- 50 g frisches Obst Deiner Wahl (z. B. Heidelbeeren, Erdbeeren, Himbeeren)
- Sesam
- Reispapier

Zubereitung:
1. Milchreis nach Packungsanleitung garen.
2. In der Zwischenzeit das Obst waschen, putzen und in mundgerechte Stücke schneiden.
3. Reispapier unter fließendes Wasser halten und sofort auf eine die Sushi Rollmatte oder einer Backmatte legen. Die gesamte Fläche des Papiers mit Reis ausstreichen.
4. Auf das vordere Drittel eine Linie aus Beeren oder anderen Früchten legen. Mithilfe der Rollmatte einrollen.
5. Sesam in einer Pfanne ohne Öl rösten und abkühlen.
6. Die Rolle in dem Sesam wälzen, anschließend die Rolle in Scheiben schneiden.

Hinweis: Eine kindgerechte Alternative zum Sushi.

Tipp: Auch Äpfel oder Birnen sind für das süße Sushi geeignet. Wer keinen Sesam rösten will, kann gerösteten kaufen.
Dazu passt ein fruchtiger Ketchup (zuckerfrei).

Himbeer-Pralinen

KH 47 g | Eiweiß 13 g | Fett 26 g

Zubereitungszeit: ca. 20 Minuten
Portionen: 2
Schwierigkeit: einfach

Zutaten:
- 65 g Himbeeren TK
- 15 g Kokosraspel, ungesüßt
- 50 g Vollkorn Haferflocken
- 20 g Mandeln
- ½ TL Kokosöl

Zubereitung:

1. Himbeeren waschen, trocknen und in eine Schüssel geben, mithilfe einer Gabel oder eines Kartoffelstampfers die Himbeeren zerkleinern.
2. Die Mandeln hacken, alternativ gehackte Mandel benutzten.
3. Kokosöl in einen Topf schmelzen lassen.
4. Die Haferflocken, Kokosraspeln, gehackte Mandeln und das Kokosöl zu den Himbeeren geben und gut vermengen. Das geht sowohl mit einem Kochlöffel oder ganz einfach mit den Händen.
5. Aus der entstandenen Masse kleine Pralinen herstellen und genießen.

Hinweis: Diese Pralinen eignen sich für viele Gelegenheiten. Die Kinder werden erfreut sein, sie in der Lunch Box zu finden oder auch zum Obstsalat servieren. Außerdem sind sie als Zwischenmahlzeit geeignet.

Tipp: Alternativ kann man die Pralinen auch in eine flüssige Kuvertüre tauchen und fruchtige Schoko Pralinen daraus machen.

Buntes Party Popcorn

KH 39 g | Eiweiß 4 g | Fett 17 g

Zubereitungszeit: ca. 15 Minuten
Portionen: 2
Schwierigkeit: einfach

Zutaten:
- 50 g Mais Popcorn
- 1 TL Bio-Lebensmittelfarbe
- etwas Öl
- Xylit nach Belieben

Zubereitung:

1. Für das bunte Party Popcorn einen Schuss Öl oder ein paar Tropfen Wasser in eine Pfanne oder Topf erwärmen und den Mais hinzugeben. Ein Deckel auf die Pfanne geben und warten, bis das erste Maiskorn in die Luft hüpft.
2. Die Herdplatte kann nun ausgeschaltete werden, das Popcorn bleibt solange darauf stehen bis der Mais aufgepoppt ist. Dann alles in eine Schüssel geben.
3. Zum Schluss noch etwas Wasser mit Xylit vermischen und die Lebensmittelfarbe in die Flüssigkeit einrühren. Anschließend das Popcorn mit der Farbmischung vermengen und so lange vermischen, bis sich alles gefärbt hat.

Hinweis: Das Popcorn passt sowohl zum Kindergeburtstag als auch zum Familien Fernsehabend.

Haferflocken Bananen Muffins

KH 89 g | Eiweiß 65 g | Fett 101 g

Zubereitungszeit: ca. 40 Minuten
Portionen: 2
Schwierigkeit: mittel

Zutaten:

- 50 g Vollkorn Haferflocken
- 20 g Leinsamen, geschrotet
- 2 EL Rapsöl
- ½ Bio Banane, reif
- ½ TL Apfel Essig
- 50 g Haferkleie
- 1 TL Backpulver
- 125 ml Mandel Drink
- 50 g Blaubeeren

Zubereitung:

1. Den Backofen auf 180 Grad vorheizen.
2. Mandel Drink mit Apfel Essig mischen und beiseite stellen. Die Flüssigkeit sollte gerinnen, das dauert ca. 10 Minuten. Die Flüssigkeit die entsteht, ähnelt der Buttermilch und sorgt dafür dass der Teig schön locker und fluffig wird. Außerdem erhält der Muffin einen frischen Geschmack.
3. In der Zwischenzeit eine reife Banane mit einer Gabel zerkleinern.
4. Blaubeeren putzen, gründlich und vorsichtig waschen, anschließend in einem Sieb ablaufen lassen.
5. Vollkorn Haferflocken, Haferkleie, Leinsamen und Backpulver in eine große Schüssel geben und gut mischen.
6. Nun das Öl sowie die Buttermilch und das Bananenpüree zu den trocknen Zutaten hinzufügen und kurz umrühren. Auf keinen Fall zu lange rühren, wenn die Muffins nur kurz gerührt werden, verhindert man das sie hart werden.
7. Zuletzt die Blaubeeren dazugeben und sehr vorsichtig unterheben.
8. Die Masse (ist sehr klebrig, dass muss so sein) mit einem Löffel oder einer Gabel in bunte Muffin Förmchen (am besten die Förmchen in eine Muffin Backform) geben. Die Muffin Form sollte nur maximal 2/3 gefüllt sein.

9. Form in den Ofen geben und bei 180 Grad für 25 Minuten in den backen.
10. Die fertigen Muffins auf ein Kuchengitter geben und gut auskühlen lassen.

Hinweis: Die Muffins eignen sich für Zwischendurch, für den Kindergeburtstag oder auch für ein Familienpicknick.

Goji Vanille Bällchen

KH 375 g | Eiweiß 227 g | Fett 227 g

Zubereitungszeit:　　ca. 15 Minuten
Portionen:　　　　　　20 Stück
Schwierigkeit:　　　　mittel

Zutaten:
- 90 g Xylit
- 270 g Margarine (weich)
- 240 g Vollkornmehl
- 120 g Reisprotein Pulver
- 20 g Vanille-Aroma
- 1 Prise Meersalz
- 150 g Gojibeeren

Zubereitung:

1. Xylit in den Mixer geben und solange mahlen bis Puderzucker entstanden ist.
2. Margarine in einer Schüssel geben und schaumig rühren. Den Puderzucker in kleinen Mengen nach und nach dazugeben und glatt rühren. Dann Mehl, Reisprotein, Vanille Extrakt und das Salz nach und nach einrühren.
3. Zuletzt die Gojibeeren ganz vorsichtig unterheben und die Masse anschließend zu festen Kugeln (es werden ca. 20 Stück) formen und im Kühlschrank aufbewahren.

Tipp: Wer keinen Mixer hat, kann auch eine Kaffeemühle verwenden.

Zucchini Röllchen

KH 7 g | Eiweiß 21 g | Fett 13 g

Zubereitungszeit: ca. 20 Minuten
Portionen: 2
Schwierigkeit: mittel

Zutaten:
- 1 kleine Bio Zucchini
- 4 Scheiben Schinken, roh
- 2 EL Frischkäse
- 8 Zahnstocher

Zubereitung:

1. Zucchini waschen und die Enden abschneiden. Dann auf einen festen Untergrund legen und mit einem Sparschäler ganz dünne Scheiben schneiden. Es sollten ca. 16 Scheiben dabei herauskommen.
2. Die Hälfte der Scheiben (8) dünn mit etwas Frischkäse bestreichen und jeweils zusammenrollen. Anschließend eine halbe Scheibe vom Schinken außen herumwickeln.
3. Zum Schluss noch eine Scheibe Zucchini rund herumrollen und mit einem Zahnstocher fixieren.
4. Öl in einer Pfanne erhitzen und die Röllchen bei mittlerer Hitze von allen Seiten knusprig braten.

Tipp: Die Röllchen sind auch zum Mitnehmen gut geeignet.

Schoko Nuss Kugeln

KH 120 g | Eiweiß 27 g | Fett 57 g

Zubereitungszeit: ca. 15 Minuten
Portionen: 25 Stück
Schwierigkeit: einfach

Zutaten:
- 2 Bio Bananen
- 60 g Vollkorn Haferflocken, alternativ Hirse Flocken
- 1 EL gehäuft Kakaopulver
- 2 EL gehäuft Mandeln, gemahlen
- 2 EL gehäuft Walnüsse, gemahlen
- 2 EL gehäuft Haselnüsse, gemahlen
- etwas Haselnüsse, gemahlen, um die Kugeln darin zu wälzen

Zubereitung:

1. Bananen schälen und mit einer Gabel gut zerdrücken.
2. Nach und nach Mandeln, Walnüsse und Haselnüsse mahlen. Von den gemahlenen Haselnüssen einen Teil bei Seite stellen.
3. Vollkorn Haferflocken, Kakaopulver und die gemahlenen Nüsse unterrühren und alles gründlich mischen.
4. Die Masse muss dann ca. 2 Stunden im Kühlschrank gut durchziehen. Die Masse sollte dann fest sein. Falls sie zu weich ist noch ein paar Haferflocken untermischen.
5. Auf einen Teller die noch verbliebenen Haselnüsse geben. Aus der Masse kleine Kugeln formen und in gemahlenen Haselnüssen wälzen.
6. Die Kugeln sollten in 24 Stunden gegessen werden. Kugeln kühl stellen.

Hinweis: Natürlich kann man auch schon fertig gemahlene Nüsse kaufen. Frisch gemahlen ist der Geschmack aber intensiver.

Tipp: Wer mag, kann der Masse etwas Zimt oder Orangenabrieb beimischen. Zum Mahlen der Nüsse eignet sich eine Nussmühle aber auch eine Kaffeemühle oder ein Mixer reichen aus.

Gefüllte Tartletts

KH 53 g | Eiweiß 23 g | Fett 54 g

Zubereitungszeit: ca. 30 Minuten
Portionen: 2
Schwierigkeit: einfach

Zutaten:
- 60 g Vollkornmehl
- 25 g Butter oder Margarine
- 1 Eigelb
- 1 Prise Meersalz
- 1 Prise Kokosblütenzucker
- 3 EL Tomatenmark
- 1 Eigelb
- 1 ½ EL Crème fraîche
- 1 EL Käse, gerieben
- ½ Knoblauchzehe
- Meersalz und schwarzer Pfeffer, frisch gemahlen
- Basilikum, getrocknet
- 16 Oliven, schwarz, ohne Stein
- Vollkornmehl, für die Arbeitsfläche
- 1 Prise Kokosblütenzucker

Zubereitung:

1. Aus Vollkornmehl, Butter, Eigelb, Salz, Kokosblütenzucker und 1 EL Wasser einem glatten Teig herstellen, in Folie wickeln und für eine halbe Stunde in den Kühlschrank legen.
2. Käse reiben und zusammen mit dem Tomatenmark, Eigelb, Crème fraîche, Käse, zerdrückten Knoblauch und Basilikum in eine Schüssel geben und gut mischen. Mit Meersalz und Pfeffer und nach Bedarf mit einer Prise Kokosblütenzucker, abschmecken.
3. Backofen auf 200 Grad vorheizen.
4. Teig aus dem Kühlschrank nehmen. Vollkornmehl auf der Arbeitsplatte verteilen und den Teig mit einem Teig Roller ca. 3 cm dick ausrollen.
5. Förmchen mit Butter oder Margarine gut einfetten und den Teig auslegen, einen Rand formen.
6. Die Tomatenfüllung in die Tartletts geben und in die Mitte eine Olive legen.

7. Die Form in den Ofen schieben und ca. 15 Minuten backen, auskühlen und vorsichtig stürzen.

Hinweis: Tartlett Form gut fetten und eventuell mit ein paar Semmelbrösel ausstreuen, dann lösen sich die Tartletts nach dem Backen besser aus der Form.

Tipp: Wer mag, kann die fertigen Teilchen mit frisch gehackten Kräutern garnieren.

Happy Pizza Snack

KH 291 g | Eiweiß g | Fett 84 g

Zubereitungszeit: ca. 30 Minuten
Portionen: 2
Schwierigkeit: einfach

Zutaten:
- 450 g Vollkornmehl
- 250 ml Wasser, lauwarm
- 1 Würfel Hefe oder 1 Paket Trockenhefe
- 2 Prisen Kokosblütenzucker
- 2 EL Öl
- ½ TL Knoblauchsalz
- ½ TL Meersalz
- ½ Dose Tomaten
- 2 Handvoll Käse (Gouda), gerieben
- 2 kleine Salami, zuckerfrei
- 24 Oliven, schwarz, ohne Stein
- Italienische Kräuter, getrocknet

Zubereitung:

1. In eine Schüssel Hefe in warmes Wasser geben und zusammen mit dem Kokosblütenzucker auflösen. Vollkornmehl, Knoblauchsalz, Meersalz und das Öl dazugeben und alles mit dem Mixer (Knethaken) gut durchkneten, bis ein homogener, elastischer Teig entstanden ist, zu einer Kugel formen.
2. Den abgedeckten Teig an einem warmen Ort ca. 15–30 Minuten gehen lassen, bis sich der Teig deutlich vergrößert hat.
3. Die Kugel in 2 Teile zerteilen, Vollkornmehl auf der Arbeitsplatte verteilen und den Teig mit dem Teig Roller jeweils bis zur Größe des Happy Snack ausrollen.
4. Eine Teig Lage auf den Happy Snack legen und leicht anrollen, sodass sich die einzelnen Waben leicht abzeichnen. Mit einem Pinsel dünn den gesamten Teig auf dem Happy Snack (und auch den ausgerollten anderen Teig Fladen) mit ein wenig Tomatenmark bestreichen. Die Salami in kleine Stücke schneiden und in die Mulden legen.
5. Backofen auf 180 Grad vorheizen.

6. Nun die Oliven in dünne Ringe schneiden und ebenfalls einen Ring in jede Mulde geben, geriebenen Käse über den gesamten Teig, streuen (er kann überall auf den Teig, nicht nur in die Mulden), dann ein paar italienische Kräuter darüber streuen und die zweite Teig Lage mit der bestrichenen Tomatenmark Seite nach unten auflegen
7. Mit der Teigrolle die beiden Pizzateig Teile fest zusammen verrollen, sodass kleine Happy Snack Bällchen entstehen, umdrehen damit diese hinausfallen können.
8. Backblech mit Backpapier auslegen und die Teilchen darauf verteilen, im Backofen ca. 10 – 15 Minuten backen.

Hinweis: Die Teigmenge reicht für eine Ladung Happy Snack

Tipp: Falls Teig übrig bleibt einfach kleine Pizza Brötchen daraus backen.

5. *Rezepte für zuckerfreie Limonaden*

Zisch frisch Limonade ohne Zucker

KH 11 g | Eiweiß 1,5 g | Fett 0,3 g

Zubereitungszeit: ca. 5 Minuten
Portionen: 4 Gläser
Schwierigkeit: einfach

Zutaten:
- 1l Mineralwasser (wenig Kohlensäure)
- 3 EL Ingwer-Saft
- 2 mittelgroße Bio-Zitronen
- 15 Eiswürfel

Zubereitung:

1. Das Mineralwasser in eine große Karaffe gießen und den Ingwer Saft hinzufügen.
2. Zitronen halbieren und mit einer Presse auspressen, Saft zum Ingwerwasser geben und umrühren.
3. Eiswürfel hinzugeben und genießen.

Hinweis: Natürlich kann man die Limo auch ohne Ingwer genießen.

Tipp: Durch den Ingwer Saft erhält die Zitronen Limonade einen frischen und ganz leichten Hauch Schärfe, das ist nicht nur gesund, sondern super lecker.

Frische-Granate zum Trinken

KH 30 g | Eiweiß 1,9 g | Fett 1,1 g

Zubereitungszeit: ca. 5 Minuten
Portionen: 4 Gläser
Schwierigkeit: einfach

Zutaten:
- 1 Granatapfel, mittelgroß
- 1 mittelgroße Bio-Zitrone
- 1l Mineralwasser, wenig Kohlensäure
- 2 Zweige Minze
- 8 Eiswürfel

Zubereitung:

1. Den Granatapfel halbieren und die beiden Hälften jeweils mit einer Zitronenpresse entsaften.
2. Zitrone halbieren und auspressen.
3. Granatapfelsaft mit Zitronensaft in eine große Karaffe geben und durchmischen.
4. Mineralwasser aufgießen, ein paar Granatapfelkerne dazugeben und umrühren. Minze waschen und Blätter von den Stielen zupfen.
5. Zum Schluss Eiswürfel dazugeben (oder Eiswürfel direkt in die Gläser geben) und mit ein paar Minzblättchen servieren.

Tipp: Im Sommer bei großer Hitze auch ideal für Kindergeburtstage.

Coole Gurken Minze Limonade

KH 5,5 g | Eiweiß 1,7 g | Fett 0,8 g

Zubereitungszeit: ca. 5 Minuten
Portionen: 4 Gläser
Schwierigkeit: einfach

Zutaten:
- 1 Bund Minze
- 1 mittelgroße Bio-Zitrone
- ½ mittelgroße Bio Salatgurke
- 1l Wasser
- 8 Eiswürfel

Zubereitung:

1. Minze gründlich waschen und die Blätter abzupfen.
2. Gurke und die Bio Zitrone gründlich waschen und in Scheiben schneiden.
3. Zitronen- und Gurkenscheiben mit ein paar Blättern Minze und dem Wasser in einer Karaffe mischen. Kühl stellen und ziehen lassen.
4. Je 2 Eiswürfel und etwas Minze in Gläser geben und mit der Limo auffüllen. Wer will, kann sich auch ein paar Gurkenscheiben ins Glas geben.

Tipp: Es gibt viele verschiedene Sorten von Minze, es lohnt sich immer mal eine andere auszuprobieren.

Durstlöscher Wassermelonen Limonade

KH 59 g | Eiweiß 4 g | Fett 1,7 g

Zubereitungszeit: ca. 5 Minuten
Portionen: 2
Schwierigkeit: einfach

Zutaten:
- Wassermelone, wenn möglich kernlos oder kernarm
- 1 Stängel Minze (z. B. Mojito-Minze)
- ½ etwas größere Bio Zitrone
- Mineralwasser zum Auffüllen
- Eiswürfel, nach Belieben

Zubereitung:

1. Melone halbieren und das Fruchtfleisch in Stücke schneiden (700g abwiegen). Zitrone halbieren und eine Hälfte auspressen.
2. Minze gründlich waschen und die Blätter von den Stielen zupfen.
3. Melone, Minze und Zitronensaft in eine größere Schüssel geben und fein pürieren. Kurz kühl stellen und durchziehen lassen (5 Minuten reichen) und dann durch ein feines Sieb streichen. 4
4. Nun das Ganze in eine Karaffe geben und mit Mineralwasser auf gut 1 Liter auffüllen und umrühren.
5. Zum Schluss die Limo mindestens 1 Stunde im Kühlschrank kühlen lassen. Wer mag, kann Eiswürfel dazugeben und genießen.

Hinweis: Menge der Minze nach Vorliebe.

Kühler Brandlöscher

KH 14,8 g | Eiweiß g | Fett 5,4 g

Zubereitungszeit: ca. 5 Minuten
Portionen: 4 Gläser
Schwierigkeit: einfach

Zutaten:
- 1 Handvoll Hibiskus Blüten
- 1 Vanilleschote
- 1 Zimtstange
- Wasser
- Manuka Honig, nach Belieben

Zubereitung:

1. Hibiskus Blüten, Zimt Stange und Vanille in eine Karaffe geben und mit kochendem Wasser übergießen
2. Ca.10 Minuten ziehen lassen und anschließend mit Honig abschmecken
3. Abkühlen lassen und servieren.

Tipp: Wer will, kann ein paar Eiswürfel und eine Scheibe Zitrone oder Limette dazugeben.

Schlusswort

Wir hoffen, dass wir in Ihnen Interesse, oder sogar Begeisterung für das Thema „Ernährung" wecken, oder verstärken konnte. Denken Sie bitte daran: Rom wurde auch nicht an einem Tag erbaut. Gehen Sie etappenweise vor und verbessern Sie Stück für Stück die Qualität Ihrer Ernährung. Ihr Körper wird Ihnen schnell zurückmelden, dass er Ihre neuen Ernährungsgewohnheiten gutheißt. Wenn sie Ihrem Körper das geben, was er wirklich braucht um zu funktionieren, statt sich von der Werbung und von Marketing-Abteilungen ausgedachten Kampagnen verführen zu lassen, sind Sie für sich und auch für Ihre Familie auf einem guten Weg.

Überprüfen Sie alle Aussagen betreffend Ernährung und Gesundheit selber so gut Sie können. Schwimmen Sie damit auch ruhig gegen den Strom. Gerade im Bereich Ernährung gibt es extrem viele widersprüchige Meinungen, was die perfekte Ernährung für den Menschen ist. Es wird sehr oft der Versuch unternommen, die eigene Wahrheit als „die Wahrheit" hinzustellen. Dabei wird häufig übersehen, dass jeder Mensch ein Individuum ist. Was für den Einen passt, funktioniert für den Nächsten überhaupt nicht. Unabhängig, ob wir von Ernährung, Hobbys oder Partnerwahl sprechen. Es geht darum, den Weg zu finden, der für einen selber passend ist!

Verlässt man seine üblichen Verhalten-Bahnen, in dem Fall alteingesessene Ernährungsweisen, so darf oder muss man früher oder später mit Widerstand rechnen. Egal ob Kollegen, Freunde, Bekannte – Sie werden früher oder später auf Ihre neue Essgewohnheiten angesprochen, vielleicht sogar kritisiert werden.

Das gehört dazu und passiert jedes Mal, wenn man sich verändert bzw. verändern will. Nicht nur bei Ernährungsgewohnheiten. Hier merkt man schnell, wer einem wirklich wohlgesonnen ist, und wer nicht. Wer einen unterstützt sich weiterzubilden, sich neues Wissen anzueignen, neue Erfahrungen zu sammeln, oder wer Einen dabei blockieren will.

So oder so, es ist eine spannende Reise. Genießen Sie es!

Und wenn Sie dieses Buch hilfreich finden, würde sich das Autoren-Team der „Magische Pfanne" über eine positive Rezension von Ihnen sehr freuen.

Vielleicht bis bald mit einem weiteren, informativem Buch von „Magische Pfanne". Alles Gute!

Rechtliches

Impressum

„Magische Pfanne" wird vertreten durch:

Christian Meiller
Internetmarketing
Hauptstraße 5c
85253 Erdweg
Deutschland
Telefon: +4915175013311
E-Mail: digiwunderland@gmail.com

Online-Streitbeilegung

Die Europäische Kommission stellt unter https://ec.europa.eu/consumers/odr/ eine Plattform zur Online-Streitbeilegung bereit, die Verbraucher für die Beilegung einer Streitigkeit nutzen können und auf der weitere Informationen zum Thema Streitschlichtung zu finden sind.

Außergerichtliche Streitbeilegung

Wir sind weder verpflichtet noch dazu bereit, im Falle einer Streitigkeit mit einem Verbraucher an einem Streitbeilegungsverfahren vor einer Verbraucherschlichtungsstelle teilzunehmen.

Bild-/Zeichennachweise

Buchcover:
MatooMi | Depositphotos.com

Von: Gregor Cresnar | Quelle: flaticon.com

Von: Freepik | Quelle: Flaticon.com

Von: Dave Gandy | Quelle: Flaticon.com

Von: Freepik | Quelle: Flaticon.com

Von: Freepik | Quelle: Flaticon.com

Von: Freepik | Quelle: Flaticon.com

Von: Freepik | Quelle: Flaticon.com

Von: Freepik | Quelle: Flaticon.com

Haftungsausschluss:

Die Benutzung dieses Taschen- bzw E-Books und die Umsetzung der darin vermittelten Informationen erfolgt ausdrücklich auf eigenes Risiko. Der Autor kann für Unfälle und Schäden jeder Art, die sich durch die Umsetzung dieses Buches ergeben, aus keinem Rechtsgrund eine Haftung übernehmen. Haftungsansprüche gegen den Autor für Schäden materieller und ideeller Art, die durch die Nutzung, Nichtnutzung oder inkorrekte Nutzung der Informationen bzw. durch die Nutzung fehlerhafter und/oder unvollständiger Informationen verursacht wurden, sind grundsätzlich ausgeschlossen. Rechts- und auch Schadensersatzansprüche sind ebenso ausgeschlossen.

Das Buch, inklusive aller Inhalte und Tipps, wurde unter größter Sorgfalt erarbeitet. Der Verlag und der Autor übernehmen dabei jedoch keine Gewährleistung für die Aktualität, Korrektheit, Vollständigkeit und Qualität der bereitgestellten Informationen. Druckfehler und Falschinformationen können nicht zur Gänze ausgeschlossen werden. Der Autor übernimmt keine Haftung für die Aktualität, Richtigkeit und Vollständigkeit der Inhalte des Buches, ebenso nicht für etwaig vorhandene Druckfehler. Eine juristische Verantwortung sowie Haftung in irgendeiner Art für fehlerhafte Angaben und Informationen und daraus entstandenen Folgen kann vom Autor nicht übernommen werden.

Printed in Poland
by Amazon Fulfillment
Poland Sp. z o.o., Wrocław